TRANZIT

ट्रान्जिट

नगरकोटी

बुकहिल पब्लिकेसन प्रा. लि., काठमाडौँ
बुकहिल इन्टरनेशनल, लन्डन

कर्पोरेट तथा सम्पादकीय कार्यालय
सत्य-सदन ५३०/२० कालिका मार्ग,
का.म.न.पा.- २९, कालिकास्थान, काठमाडौँ
पोस्ट बक्स नं. : ४९७४,
फोन : +९७७-१-५९०४४०१/२
bookhillp@gmail.com
www.bookhill.com.np

आवरण
सचिन यगोल श्रेष्ठ

डिजाइन/लेआउट
उमेश काफ्ले

बुकहिल संस्करण : साउन, २०८०

ISBN : 978-9937-753-52-4

TRANZIT By KUMAR NAGARKOTI

a
kumar nagarkoti
play

पात्रहरू

मानव

मायावी

जेलर

अतिथि पात्र

निर्देशक घिमिरे युवराज

स्टुडियो

कफीघाट

सङ्ग्रहालय

मायावी पर्सोनाज

मायावीको चरित्र/भूमिकामा चार विभिन्न कलाकार -लेडी कलाकार-हरूले अभिनय गर्नेछन् । विभिन्न दृश्याङ्कनमा देखापर्ने परिस्थितिजन्य घटना/दुर्घटनामा पात्रको मनोदशा एवम् नाटकीय सङ्कटलाई सम्बोधन गर्न

विभिन्न कलाकारहरूले

एकपछि अर्को गर्दै मिस्टिक मायावीको

इन्द्रजालिक पर्सोनाजलाई

आफूभित्र आत्म-वरण

गर्नेछन् ।

स्टुडियो

जहाँ भित्तामा अनेक नाटककारका फ्रेमिल चित्र-तस्वीरहरू टाँगिएका छन् । चित्र केही अमूर्त खालका छन् । जस्तो कि एउटा तस्वीरमा हेनरिक इब्सनका भल्चरल आँखाहरू छन् । अर्को तस्वीरमा स्यामुअल बेकेटका SKELETAL औँलाहरू छन् ।

एउटा तस्वीरमा बर्तोल्त ब्रेख्तका आँखीभुइँहरू सङ्गृहीत छन् भने अर्को तस्वीरमा ह्यारोल्ड पिन्टरका नङहरू ।

जहाँसम्म props and objects का कुराहरू छन्, ती निम्न प्रकारका छन् :

- शेक्सपियरको कुर्सी, ARM-CHAIR
- सोफोक्लिजको WIG
- अर्थर मिलरको मुकुण्डो
- एडवार्ड अल्बीको चश्मा
- अगस्ट विल्सनको ह्याट र ओभरकोट
- युजिन ओ निलको गमला र money plant
- टेनिसी विलियम्सको walking stick
- बालकृष्ण समको पहेँलो मफलर
  आदि/इत्यादि

॥ मानव शास्त्रीको सलिलकी ॥

कहिलेकाहीं घरमा हुन्छु
कहिलेकाहीं एकान्त बगरमा

आफ्नै लाश रुँगी बस्छु
मनको सुनसान खण्डहरमा

एउटा गल्लीको पुछारमा खण्डहर जस्तो एउटा घर छ । जसलाई तपाईं रैन-बसेरा भन्न सक्नुहुन्छ । जहाँ बाटो बिर्सिएका बटुवा, पथिक र मुसाफिर लगायत तिर्थयात्रीहरू एक रातको निम्ति बास बस्छन् ।

र, सखारै आ-आफ्नो बाटो लाग्छन्
त्यो घरको म स्थायी बासिन्दा हुँ ।

त्यो घर अर्थात् यो घर मेरो जिन्दगी बसोबास गर्ने डेरा हो । अस्तित्वको घेरा हो । आत्माको रैन-बसेरा हो ।

रैन-बसेरामा अनेक खालका यात्रीहरू आउँछन् । रातका ती अथितिहरूलाई म स्वागत सत्कार गर्छु । तिनीहरू कहाँबाट आएका हुन् र कहाँ जाने हुन् ? तिनीहरूको यात्रा वर्णन सुन्छु । आफू पनि कुनै अज्ञात यात्रातर्फ लागिहाल्नुपर्ने हो कि भनी मनमनै गुन्छु ।

गल्लीको पुछारमा एक साँझ एउटा अपरिचित मनुवा कुन्नी कहाँबाट आइपुग्यो । ऊ केही अलमलिएको थियो । भित्रभित्रै खलबलिएको थियो ।

उसलाई मैले घर ल्याएँ ।
आफ्नो अतिथि बनाएँ ।

अरू अतिथिहरूभन्दा ऊ अलि भिन्न थियो ।
कवि थियो शायद । कवि नै हुनुपर्छ ।

त्यो दिन मेरो जन्मदिन परेको थियो । मदिरा अनि विभिन्न परिकारहरूद्वारा उसको खातिरदारी गरें । मध्यरातसम्म हामीले व्यानत्यानका कुरा गऱ्यौं । मदिरा चियर्स चिच्याउँदै मेरो जन्मदिन सेलिब्रेट गऱ्यौं ।

त्यो मेरो कतिऔं जन्मदिन थियो ? बिर्सें ।
अहिले म कति वर्षको भएँ ? त्यो पनि बिर्सें ।

उमेर घट्दै जान्छ कि बढ्दै जान्छ ?
आयु सँगसँगै मान्छे बूढो हुन्छ कि पुरानो हुँदै जान्छ ?

खैर, एनिवेज !

त्यो बर्थ डे'को रात त्यो मनुवाले गीतका पङ्क्तिहरू सुनायो :
कहिलेकाहीं घरमा हुन्छु । कहिलेकाहीं एकान्त बगरमा ।
आफ्नै लाश रुँगी बस्छु । मनको सुनसान खण्डहरमा ।

मेरो जिन्दगीको कथा उसले गीतका पङ्क्तिहरूमा अभिव्यक्त गरेझैं लाग्यो । म अभिभूत-द्रविभूत भइगएँ ।
SSS आफ्नै लाश रुँगी बस्छु मनको सुनसान खण्डहरमा SSS

तर, यो त फगत गीतको मुखडा थियो । अन्तराचाहिं खोइ नि ?

ह्वेर आर द अन्तराज ?

अन्तराहरूबारे जिज्ञासा राख्दा निजले भन्यो, "तपाईंको जीवनमा एकदिन एउटी रहस्यमय युवतीको आगमन हुनेछ । उसैले तपाईंलाई यो गीतका अन्तराहरू दान गर्नेछ ।"

वर्षौंदेखि म
एउटी युवतीलाई
पर्खी
ब
से
को
छु
अन्तरा
अनि अन्तराहरू
कुरी
र
हे
को
छु

(मानव शास्त्रीले काल्पनिक चुरोट पिउँछ । धुवाँ उडाउँछ । कफी टेबलबाट सेलफोन उठाउँछ । *VOICE RECORDER* 'अफ' गर्छ । यतिञ्जेल रेकर्ड भएको

आफ्नो आवाजलाई *PLAY* गर्दै केही बेर सुन्छ । यस्तैमा उसको नजर युवतीमा पर्छ । उसको ध्यान उतैतिर सर्छ । युवती झुक्किएर स्टुडियोमा प्रवेश गरेकी हो कि ! ऊ अलमल्ल परेकी छे ।

स्टुडियोमा भएको सन्दुक

बन्दुक

KING SIZED MIRROR,

TRIPOD, HANDYCAM आदि इत्यादिलाई ऊ यसरी हेरिरहेकी छे, मानौं ऊ म्युजियमका *–ANTIQUE PIECE–* हरू नियालिरहेकी छे । मानव शास्त्रीले सेलफोनको *VOICE RECORDER* मा आफ्नो आवाज रेकर्ड गर्दैगर्दा ऊ स्टुडियोमा प्रवेश गरेकी हो । मानव शास्त्रीको एकालापलाई चाल मारेर सुनेकी हो । बैंसले भरिपूर्ण एक आकर्षक युवतीलाई

–अल अफ अ सडन– आफ्नो स्टुडियोको ऐकान्तिक परिवेशमा देखेर मानव शास्त्री घोर आश्चर्यमा परेको छ । उसको आत्मकेन्द्रिय एकाग्रता नष्टभ्रष्ट भइगएको छ ।)

मानव

तपाईं कसरी यहाँ आउनुभयो ?

युवती

हिँडेर आएँ ।

मानव

i mean, कहाँबाट भित्र छिर्नुभयो?

युवती

घरका झ्यालहरू त सबै बन्द गर्नु भा' रैछ । ढोकाबाट भित्र छिरेँ ।

मानव

कसलाई सोधेर भित्र छिर्नुभयो ?

युवती

मेरो मनलाई मैले सोधें, "यो स्टुडियोभित्र छिर्दा हुन्छ ?" मनले "छिर्दा हुन्छ" भन्यो । त्यसपछि छिरें ।

मानव

अरूको जीवनमा तपाईं यसैगरी छिर्नुहुन्छ ? without knocking the door!

युवती

के म तपाईंको जीवनमै छिरें ? त्यस्तो त होइन होला । मैले त सोच्या थें, म तपाईंको स्टुडियोमा छिरें ।

मानव

यो स्टुडियो मेरो जीवन हो । त्यसैले –metaphorically speaking– तपाईं मेरो जीवनमा छिर्नुभयो । मेरो अनुमतिविना तपाईं मेरो जीवनमा TRESPASS गर्नुभयो ।

खैर, एनिवेज !
गुड इभिनिङ !

युवती

भेरी गुड इभिनिङ, मानवशास्त्रीज्यू !

मानव

मानवशास्त्री होइन, मानव शास्त्री !
अरूले झैं तपाईंले मेरो नाम गलत ढङ्गले उच्चारण गर्नुभयो ।

It's so disgusting!
How can a beautiful lady like you MIS-PRONOUNCE my name?

मेरो नाम मिसप्रनाउन्स्ड हुँदा मलाई उत्पात दुःख लाग्छ । कम्तीमा तपाईंजस्तो आकर्षक युवतीको SEXY LIPS बाट मेरो नाम सही उच्चारण भइदिए म धन्य हुने थिएँ ।

मलाई प्लिज, मानवशास्त्री होइन, मानव शास्त्री भन्नुस् ।

मानव र शास्त्रीको बीचमा थोरै PAUSE लिनुस् । मानव शास्त्री भन्नुस् । बिर्सेर पनि मानवशास्त्री नभन्नुस् किनभने म ANTHROPOLOGIST होइन । म त फगत नाटक निर्देशक हुँ । A theatre director, you see!

मानव मेरो नाम र शास्त्री मेरो थर !
शुक्रराज शास्त्रीजस्तो ।
लौ, अब मानव भन्नुस् !

युवती

मा. न. व. !

मानव

अब शास्त्री उच्चारण गर्नुस् ।

युवती

शा. स्त्री !

मानव

'स्त्री'मा बढी लेघ्रो नतान्नुस् । शा. स्त्री होइन, एकैपटक शास्त्री भन्नुस् ।

युवती

शास्त्री ।

मानव

Yesssss! that's it!!

that's like a good girl!

अब मानव शास्त्रीलाई एकैपटक उच्चारण गर्नुस् ।

युवती

मानवशास्त्री !

मानव

धत्तेरिका ! भएन भएन ।

एकैपटक होइन क्या ! छुट्टाछुट्टै भन्नुस् ।

पहिले मानव भन्नुस् । लगत्तै छोटो –PAUSE– विश्राम लिनुस् ।
त्यसपछि ढुक्कसँग शास्त्री भन्नुस् ।

युवती

मानव शास्त्री ।

मानव

perfect! let's practise once!! say MANAV!!!

युवती

MANAV!

मानव

शास्त्री !

युवती

to HELL with शास्त्री !
शास्त्री अलि शास्त्रीय पाराको भयो ।
शास्त्रीलाई –KICK OUT– गरेर तपाईंलाई केवल मानव भन्न मिल्दैन ?

मानव

किन मिल्दैन । जरुर मिल्छ ।
मानव मात्र किन ? मलाई त दानव भन्न पनि मिल्छ ।

युवती

so sweet of you!
दानव त म तपाईंका दुश्मनहरूलाई भनुँला ।
तपाईंलाई त म मानव नै भन्नेछु ।

by the way!
म को हुँ ? बुझ्न चाहनुहुन्न ?

मानव

तपाईंलाई बुझेर मैले के गर्ने ?
अनि मलाई बुझेर तपाईंले के गर्ने ?

म हिजो एउटा थिएँ ।
आज अर्कै छु ।
र, भोलि झन् अर्कै हुनेछु ।

मान्छेलाई कतिपटक बुझ्ने ?
किन बुझ्ने ?
कसरी बुझ्ने ?

युवती

मलाई तपाईंले शुभचिन्तिका भनी बुझ्ने ।

मानव

शुभचिन्तिका ?

युवती

हो त ! शुभचिन्तिका अर्थात् लेडी शुभचिन्तक ।

मानव

अँ त शुभचिन्तिका ! वास्तवमा म के भन्दै थिएँ भने मान्छेको चरित्र बुझिसाध्य छैन । पशुपन्छीका आ-आफ्नै निश्चित प्रकारका चारित्रिक विशेषता हुन्छन् तर प्राणी जगतमा मनुष्य मात्र यस्तो जीव हो, जसको कुनै निश्चित चरित्र हुँदैन ।

युवती

त्यसैले त मनुष्य रोचक प्राणी हो । कुनै निश्चित चरित्र नभएकोले नै मान्छे आकर्षक र चाखलाग्दो भएको हो ।

मानव

तपाईंको नाम के ?

युवती

मलाई प्रेमीहरू मायावी भनी सम्बोधन गर्छन् ।
म मायावी । तपाईं मानव ।
कालान्तरमा मानिसहरूले हामीलाई मायावी-मानव भनेर चिन्नेछन् ।

मानव

तपाईं रोचक प्राणी हुनुहुँदो रहेछ ।

मायावी

भर्खरै मात्र मैले भनेकी थिएँ नि ! मनुष्य रोचक प्राणी हो ।

म रोचक स्त्री हुँ ।
आकर्षक र चाखलाग्दी नारी हुँ ।

त्यस बाहेक म एक रहस्यमय युवती पनि हुँ । तपाईंको यो स्टुडियोमा म किन आएँ, तपाईंलाई थाहा छैन ।

म यसरी -अल अफ अ सडन/आउट अफ द ब्लु- कसरी प्रकट भएँ, तपाईंलाई त्यसको कुनै अनुमान छैन ।

म कहाँबाट आएकी हुँ ? त्यसको त झन् कल्पना नै गर्न सक्नुहुन्न ।
एउटा 'मानव'को जीवन अपूर्ण थियो ।
'मायावी'को आगमनपश्चात् उसको जीवन पूर्ण हुनेछ ।

मानव

स्मृति परस्त हुँदै, आफैँसित बोलेजस्तो गर्दै

वर्षौं अघि एक साँझ एक जना अपरिचित मनुवालाई मैले घर ल्याएको थिएँ । बर्थ-डे सेलिब्रेट गर्न । उसले मकन भनेको थियो, "लिसन टु मी, माई डियर मानव शास्त्री ! तिम्रो जीवनमा एकदिन एउटी रहस्यमय युवतीको आगमन हुनेछ । उसैले तिमीलाई गीतका अन्तराहरू दिनेछ ।"

मायावीलाई ऊ घोर आश्चर्यको भावले हेर्छ । मुखबाट मन्दमन्द लयमा 'अन्तरा/अन्तरा' शब्दोच्चारण गर्छ ।

मायावी

सुफियाना अन्दाज-ओ-चालमा, लवलिन एकाग्रताको सुरतालमा ऊ अन्तरा-ओ-अन्तरा गुनगुनाउन थाल्छे ।

तिम्रो प्रतीक्षा गर्नु गरें
ब्रह्माण्डदेखि ब्रह्मनालसम्म

बाँच्छु कि जस्तो लाग्छ
अझै पनि अर्को सालसम्म

कात्रो खोज्दै हिँड्ने मलामी भएँ
यो बिरानो शहरमा

आफ्नै लाश रुँगी बस्छु
मनको सुनसान खण्डहरमा

कहिलेकाहीं घरमा हुन्छु
कहिलेकाहीं एकान्त बगरमा

how is the अन्तरा ?
तपाईंलाई अन्तरा कस्तो लाग्यो ?

मानव

गीतको अन्तराले मानवशास्त्रीको मन छोएजस्तो छ । वशीकरणमा परेको मानिसले झैं ऊ मायावीलाई मन्त्रमुग्ध भई एकसुरले टुलुटुलु हेरिरहेको छ ।

तिम्रो प्रतीक्षा गर्नु गरें
ब्रह्माण्डदेखि ब्रह्मनालसम्म

बाँच्छु कि जस्तो लाग्छ
अझै पनि...

मायावी

…अर्को सालसम्म
कात्रो खोज्दै हिँड्ने मलामी भएँ
यो बिरानो शहरमा

मानव

आफ्नै लाश रुँगी बस्छु
मनको सुनसान खण्डहरमा

मायावी/मानव TOGETHER

कहिलेकाहीँ घरमा हुन्छु
कहिलेकाहीँ एकान्त बगरमा

आफ्नै लाश रुँगी बस्छु
मनको सुनसान खण्डहरमा

मानव

WOW!
wonderful-o-wonderful!!

म मुग्ध भएँ ।
i repeat, म मुग्ध भएँ ।

मायावी

जो मुग्ध भयो
सम्झनुस्, ऊ मुक्त भयो ।

मानव

wow, again!

please repeat again!!

मायावी

जो मुग्ध भयो

सम्झनुस्, ऊ मुक्त भयो ।

हाललाई भने मानवज्यू, म मुत्रमुक्त हुन चाहन्छु…

मानव

के हुन चाहन्छु रे ?

मायावी

मुत्रमुक्त हुन चाहन्छु ।

मुत्र मन्त्रालय कता छ ?

मानव

उता छ ।

मायावी

ok!

म मुत्रमुक्त हुन मुत्र मन्त्रालय गएँ ।

तु आएँ ।

मायावीको मुत्रालय प्रस्थान । मानव सेल्फ-कम्पोज्ड मुद्रामा यताउता ओहोरदोहोर गर्छ । सेलफोनको *VOICE RCORDER* 'अन' गर्छ । र, आफ्नो आवाज रेकर्ड गर्न थाल्छ ।

मानव

मुत्रालय जाँदाजाँदै मायावीले मलाई एउटा सूत्र-वाक्य दान गरेर गई ।
जो मुग्ध भयो/ऊ मुक्त भयो । what a statement!

मायावी वाणी ! जो मुग्ध भयो/ऊ मुक्त भयो ।
what a subtle METAPHORIA!
what a beautiful metaphoric combination!

मुग्धता & मुक्तता !

AT FIRST, मनुष्य कुनै वस्तुप्रति मुग्ध हुन्छ ।
AT LAST, मनुष्य त्यही वस्तुबाट मुक्त हुन्छ ।

मलाई मुग्ध हुनु छ ।
र, मलाई मुक्त पनि हुनु छ ।

मलाई जीवन, जगत, अस्तित्वसित मुग्ध हुनु छ ।
र, अन्ततः जीवन/जगत्/अस्तित्वबाट मुक्त पनि हुनु छ ।

प्रेम र सम्भोगसित मलाई मुग्ध हुनु छ ।
प्रेम र सम्भोगबाट मलाई मुक्त पनि हुनु छ ।

खैर एनिवेज ! अपरिचित मनुवाले मेरो बर्थ-डे-सेलिब्रेसनमा PREDICT
गरेझैं एउटी रहस्यमय युवती मेरो जीवनमा आएकी छे । परन्तु कहाँबाट
आएकी छे ! जहाँबाट आए पनि WHO CARES! गीतको अन्तराचाहिँ
अन्ततः पाएको छुः

तिम्रो प्रतीक्षा गर्नु गरें
ब्रह्माण्डदेखि ब्रह्मनालसम्म

बाँच्छु कि जस्तो लाग्छ
अझै पनि अर्को सालसम्म

मुत्रालय गएकी मायावी फर्किसकेकी छे । उसको हातमा चक्कु छ ।
धारिलो चक्कु । त्यसमा रगतको दाग छ । मानवशास्त्रीले *VOICE
RECORDER* 'अफ' गरेको छ । शेक्सपियरको कुर्सीमा आँखा चिम्लेर
बसेको छ ।

काल्पनिक चुरोट पिएको छ र काल्पनिक धुवाँ उडाएको छ ।

के सोचेर हो कुन्नि -*SUDDEN IMPULSE*- मा आँखा उघारेको छ ।
पिँठ्यु पछाडि उभिएकी मायावीलाई देखेको छ ।

मानव

यो गीतलाई म मेरो आगामी नाटकमा प्रयोग गर्न चाहन्छु । मायावी,
तिम्रो आगमन मेरो निम्ति सुखद आश्चर्य भइगएको छ । मलाई गीतको
अन्तरा दान गरेर तिमी धन्यवादकी पात्र भएकी छौ ।

मायावी

thank you for the compliment, MANAV!
तर म धन्यवादको पात्र होइन, तिम्रो नाटकको पात्र पो बन्न चाहन्छु ।
तिमीले निर्देशन गर्ने नाटकमा अभिनय पो गर्न चाहन्छु ।

मानव

त्यसको निम्ति त तिमीले गीतको बाँकी अन्तरा पनि दान गर्नुपर्छ ।

मायावी

बाँकी अन्तरा पनि जरुर दान गरुँला तर त्यस अघि तिमीले मेरो
प्रश्नको उत्तर दिनुपर्छ ।

मानव

प्रश्न के हो ?

प्रश्न-प्रहार गर ।

मायावी

मुत्र मन्त्रालयबाट फर्कंदा म झुक्किएर तिम्रो बेडरुममा छिर्न पुगें ।
बेडरुममा एउटा लाश देखें ।
a dead body, you see!

लाशको मुटुमा
यो चक्कु रोपिएको थियो ।

चक्कु देखाउँछे ।

त्यो लाश
चिरपरिचित जस्तो लाग्थ्यो ।

लाशको अनुहार
कता-कता देखेजस्तो लाग्थ्यो ।

लाशलाई तिम्रो बेडरुममा
देख्दा मलाई किन-किन यस्तो लाग्यो...

मानव

मेरो बेडरुममा छिर्ने
अनुमति तिमीलाई कसले दियो ?

अरूको बेडरुममा
तिमी यसैगरी छिर्ने गर्छौ ?

मायावी

आत्मलीन हुँदै

बेडरूम एउटा यस्तो ठाउँ हो
जहाँ संसारमै सबैभन्दा धेरै
SEXUAL ACCIDENT
हुने गर्छ ।

बेडरूम सम्भोगको दुर्घटनाग्रस्त क्षेत्र हो ।

तिम्रो बेडरूममा लाश देख्दा मलाई यस्तो लाग्यो, त्यो लाश ज्युँदो हुँदा शायद मेरो प्रेमी थियो ।

बिचरा, मेरो श्रापित प्रेमी !
या मेरो लोग्ने नै पो थियो कि !

कता-कता मलाई के पनि लाग्छ भने, मैले नै त्यसको हत्या गरेर कतै मिल्काइदिएकी थिएँ । तर, कुन्नि कता मिल्काइएको लाश आज तिम्रो बेडरूममा कसरी देखा पर्‍यो ?

मानव

बेडरूममा कुनै लाश छैन मायावी !

मायावी

आत्मलीन अवस्थामै चक्कुलाई आफ्नो झोलाभित्र राख्छे ।

मेरो एकमनले त यस्तो पनि भन्छ मानव त्यो तिम्रै लाश हो ।

जस्तो कि तिम्रो गीतको मुखडामा एउटा पङ्क्ति छ :
आफ्नै लाश रुँगी बस्छु, मनको सुनसान खण्डहरमा... ।

मलाई लाग्छ
सुनसान खण्डहर भनेको
तिम्रै सुनसान बेडरुम हो

जहाँ तिमी युगौंदेखि
आफ्नै लाश रुँगी बसेका छौ ।

मानव

मायावी-ओ-मायावी !
Listen to me, please!
let's not talk about लाश ।
लाशको विषयमा मायावी-ओ-मायावी कुनै कुरा नगरौं ।

मायावी

TRANCE-मुक्त हुँदै

ok, MANAV!
that's fine with me!!
let's not talk about लाश !!!

that's none of our business!

बरु तिमी भन ! अब के विषयमा कुरा गर्ने ?
i am open to any subject you like!
तिमी के विषयमा कुरा गर्न चाहन्छौ ?

मानव

म तिम्रो विषयमा कुरा गर्न चाहन्छु ।

तिमी यहाँ आएदेखिन् म –something different– महसुस गरिरा'छु ।
यस्तो लागिरा'छ, तिमी जे देखिइन्छ्यौ, त्यो तिमी होइनौ ।

कदापि होइनौ ।

तिम्रो उपस्थिति मलाई
अत्यन्त अजीव-ओ-गरीब
लागिरहेको
छ ।

एक किसिमले भन्ने हो भने
मलाई सर्रियल अनुभूति
भइरहेको
छ ।

तिमीलाई मैले यस अघि कहिल्यै देखेको थिइनँ ।

अकस्मात् तिमी यहाँ प्रकट भयौ, OUT OF NOWHERE! कुनै पूर्व
जानकारीविना ।

म –confused state of mind– मा छु ।

तिमी विपना हौ
कि सपना !

तिमी यथार्थ हौ
कि भावना !

तिमी तिर्सना हौ
कि परिकल्पना !

मायावी

परिकल्पना होइन ।
म त सायद पराकल्पना हुँ ।

मानव

ओके, पराकल्पना नै सही ।

by the way, पराकल्पना is better than परिकल्पना ।

मलाई तिम्रो शब्द चयन –choice of words- सुरुचिपूर्ण लागेर ल्यायो ।

मायावी

वास्तवमा कुरा यस्तो हो मानव !

म काल पर्यटक हुँ ।

तिम्रो समयमा म काल पर्यटनको भिसा लिएर आएकी हुँ । विक्रम संवत् एक्काईस सय पचहत्तरबाट । भविष्यबाट । अहिले दुई हजार पचहत्तर चलिरा'छ, होइन ?

मानव

हो । अहिले दुई हजार पचहत्तर चलिरा'छ ।

त्यसो भए तिमी कालयात्री हौ ? a time traveller!

मायावी

something like that!

or, you can simply call me a time tourist!

तिमी एक्काईसौं शताब्दीको पुरुष !

म बाइसौं शताब्दीकी नारी !

हामीकहाँ TIME TOURISM अर्थात् कालपर्यटन निकै फस्टाएको छ ।

मन लागेको कालखण्डमा पर्यटकीय भ्रमण गर्छौं ।

त्यसको निम्ति काल पर्यटन मन्त्रालयमा VISA apply गर्नुस् । कुन कालमा भ्रमण गर्न चाहेको हो, उल्लेख गर्नुस् ।

MINISTRY OF TIME TOURISM ले भिसा जारी गरिहाल्छ । तपाईंलाई घडी र TIME CAPSULE उपलब्ध गराइदिन्छ ।

झोलाबाट उसले भिसा, घडी र टाइम क्याप्सुल राखिएको बट्टा निकाल्छे । मानवशास्त्रीलाई देखाउँछे । बट्टा खोलेर भिसा निकाल्छे । घडी निकाल्छे ।

घडीमा आफु भ्रमण गर्न जाने काल खण्डको TIME ZONE सेट गर्नुस् । र, यो TIME CAPSULE खानुस् । त्यसपछि घडीमा सेट गरिएको वर्षमा TRANCE-PORT भइजानुस् ।

मानव

मायावीको हातबाट भिसा लिन्छ । ओल्टाई-पल्टाई त्यसको मुआयना गर्छ ।

भिसामा त दुइटा वर्ष पो उल्लेख गरिएका छन् ।
एउटा विक्रम संवत् २०७५ साल र...

मायावी

अर्को २००७ साल ।

वास्तवमा कुरा यस्तो हो मानव ! यतिका रहस्य खोलिसकेपछि अब म तिमीलाई आफ्नो कुरा डिटेलमा सुनाउँछु ।

केही सम्झेझैं गरी टक्क रोकिन्छे । भिसा, घडी र टाइम क्याप्सुलको बट्टालाई झोलामा राख्छे ।

मानव

डिटेलमा सुनाऊ मायावी !
don't hesitate!

यो कुरा गोप्य रहनेछ । तिमी र मबीच मात्र सीमित रहनेछ ।
strictly confidential! i swear!!

मायावी

'सम कलेज अफ ड्रामाटिक्स्‌बाट मैले ग्रेजुएट गरेकी हुँ । अध्ययनकै
सिलसिलामा मैले तिम्रो नाम र कामबारे जानकारी पाएकी हुँ । नेपाली
नाटक परम्परामा तिम्रो योगदानबारे थाहा पाएकी हुँ ।

you are
a historical person, MANAV!

मानव

you're kidding right?
MANAV SHASTRI, a historical person?

मायावी

of course, MANAV!
you're a goddamn historical person!

मानव

भविष्यको –college of dramatics– मा मेरो बारे अध्ययन हुन्छ ?

मायावी

सच्याउँदै
सम कलेज अफ् ड्रामाटिक्स !

मानव

ok, SAMA college of dramatics! त्यहाँ मेरो बारे पढाइ हुन्छ ?
so nice to hear! आजको एक सय वर्षपछि पनि मेरो चर्चा चल्छ ?

मायावी

NEPALI POST-MODERN PLAYS को चर्चा-परिचर्चा हुँदा तिम्रो सन्दर्भ आइहाल्छ ।
खासमा तिमी इतिहासको सन्दर्भ-सामग्री हौ मानव ।

मानव

इतिहासको सन्दर्भ-सामग्री !
म ?

मायावी

करेक्ट ।
तिमी इतिहासको सन्दर्भ-सामग्री !

हामी बाईसौं शताब्दीवालाहरूका लागि तिमी लगायत सुनील पोखरेल, अनुप बराल, राजन खतिवडा, आकाङ्क्षा कार्की, विशेष मल्ल आदि-इत्यादि इतिहासका सन्दर्भ-सामग्री हुन् ।

मानव

विशेष मल्ल होइन ।
अशेष मल्ल हुनुपर्छ ।

मायावी

खैर, जे होस् ।

SAMA COLLEGE OF DRAMATICS बाट पास-आउट भएपछि अभिनयमा
करियर बनाउनु अघि मलाई लाग्यो, मैले इतिहासबाट आशीर्वाद लिनुपर्छ ।

त्यसका निम्ति
नाट्यसम्राट् बालकृष्ण समको
चरण स्पर्श गर्नुपर्छ ।

अनि तिमी अर्थात्
मानव शास्त्रीलाई
भेट्न जानुपर्छ ।

मानव शास्त्री अर्थात्
एक्काईसौं शताब्दीको थिएटर डिरेक्टरसित
केही सुन्दर अन्तरङ्ग समय गुजार्नुपर्छ ।

मैले मानव शास्त्रीको
नाटकमा रिहर्सल गर्नुपर्छ ।

सबैभन्दा
महत्त्वपूर्ण कुरा त
मैले उसलाई गीतका
दुई अन्तरा दान गर्नुपर्छ ।

मानव

तो देर किस बात कि !
अन्तरा दान गर न त मायावी !

मायावी

दान त गरुँला !
पहिला मेरो कुरा त सुन ।

यसरी बीचैमा
प्याक्क बोलेर मलाई
D.I.S.T.U.R.B. नगर त !

अँ त, म भन्दै थिएँ ।
के पो भन्दै थिएँ रे ?

मानव

इतिहासबाट आशीर्वाद लिने, बालकृष्ण समको चरणस्पर्श गर्ने कुरा गर्दै थियौ ।

मायावी

त्यसपछि -काल पर्यटन मन्त्रालय- मा मैले विक्रम संवत् २००७ साल र २०७५ सालको निम्ति VISA APPLY गरें । VISA जारी हुनासाथ काल पर्यटक बनी सात सालमा पुगें ।

मानव

अनि, अनि ?

मायावी

मलाई सात सालको क्रान्ति प्रत्यक्ष हेर्नु थियो ।

प्रजातान्त्रिक आन्दोलनको उत्कर्ष विन्दुमा म त्यहाँ अवतरण गरेकी थिएँ । त्यहाँ पुगी सकेपछि मात्र मलाई आफ्नो गल्तीको आभास भयो । खासमा कुरा के भने त्यो एक गलत TIMING भएछ ।

नाट्यसम्राट्सित मैले मन फुकाएर कुरा गर्ने मौका नै पाइनँ । त्यस्तो फुर्सदिलो माहौल नै थिएन ।

बालकृष्ण सम साइकलमा एकदिन हतार-हतार कतै गइरहनुभएको थियो । मैले उहाँको बाटो छेकिदिएँ । उहाँको ब्यालेन्स बिग्री त हाल्यो । लड्नुभयो ।

मैले उहाँलाई उठाएँ र चरण स्पर्श गरें ।

मेरो अभिनय यात्रामा मलाई हजुरको आशीर्वाद प्राप्त होस् भनी बिन्ती बिसाएँ । कोटको धुलो टक्टकाउँदै उहाँले -मैयाँ तिमीलाई आशीर्वाद छ- भन्नुभयो ।

बस, यति मात्र !

सात सालमा सात दिन बिताएपछि म यता आएँ, २०७५ सालमा । यो ट्रान्जिटमा । मलाई तिमीसँग भेटघाट गर्नु थियो । यो ट्रान्जिटमा । मलाई तिमीसँग केही अविस्मरणीय पल-छिन-दिन बिताउनु छ । यो ट्रान्जिटमा ।

मानव

ट्रान्जिटमा !
मैले तिम्रो कुरा बुझिनँ, मायावी !
what do you mean by TRANSIT?

मायावी

कुरा यस्तो हो, मानव !

तिमी बाँचेको समय मेरो निम्ति इतिहास र भविष्यको TIME-TRANSIT हो । म आफ्नो काल यात्राको TRANSIT–ZONE मा छु ।

म विक्रम संवत् २००७ सालबाट TIME TRAVEL गर्दै तिम्रो TIME ZONE मा प्रवेश गरेकी हुँ । यहाँबाट मलाई पुनः २१७५ साल अर्थात् आफ्नै TIME ZONE मा जानु छ ।

तसर्थ, तिम्रो यो वर्तमान काल
मेरा लागि
भूतकाल र भविष्य कालबीचको
ट्रान्जिट
हो ।

मानव

मेरा निम्ति तिमी भविष्य ।
तिम्रा निम्ति म इतिहास ।

यो ट्रान्जिटमा
भविष्य र इतिहासको
आज अपूर्व सङ्गम भएको छ ।

यो अजिब-ओ-गरीब घटना –sorry sorry– परिघटना अविस्मरणीय
भइगएको छ ।

मायावी

परिघटना होइन, मानव !
यो त पराघटना हो ।

मानव

पराघटना हो भने परा-घटना नै सही ।

मायावी

पराघटना नै सही हो, मानव ।

परिघटना हुनका लागि त
म तिम्रो जीवनमा
परी-सरी आउनुपर्थ्यो ।

तर,
म त परी
होइन क्यारे !

मानव

परी नभए पनि तिमी परी-सरी नै हौ ।

मायावी

त्यसो भए मलाई अतिथि स्वीकार्छौ ?

मानव

जरुर स्वीकार्छु ।

मायावी

मलाई अरूको नजरबाट गुप्त राख्छौ ?

मानव

जरुर राख्छु ।

मायावी

कहाँ राख्छौ ?

मानव

बेडरुममा राख्छु ।

मायावी

नाइँ, म बेडरुममा नबस्ने ।

किनभने बेडरुम यस्तो ठाउँ हो, जहाँ सबैभन्दा धेरै SEXUAL ACCIDENT हुने गर्छ । बेडरुम सम्भोगको दुर्घटनाग्रस्त क्षेत्र हो ।

मानव

यो कुरा तिमीले अघि नै भनिसकेकी छौ ।

मायावी

भनिसकें र ?

मानव

हो, त !

मायावी

त्यसो भए...
अँ त्यसो भए तिमी
मलाई... मलाई कहाँ राख्छौ ?

मानव

तिमीलाई म गोदाममा राख्छु ।

मायावी

गोदाममा त लाश छ मानव । त्यहाँ कोही मरेको छ । गोदाममा कसैको DEAD BODY छ । लाश थन्क्याइएको गोदाममा मलाई नराख, प्लिज !

मानव

लाश त तिमीले बेडरुममा छ भनेकी होइनौ ?

मायावी

मैले त्यस्तो भने र !

मानव

हो, मायावी !
तिमीले त्यस्तै भनेकी थियौ ।

मायावी

त्यस्तो त मैले भन्न नपर्ने हो । कहिले त्यस्तो भनें ?

मानव

केही बेर अघि ।
तिमीले बकाइदा बेडरुममा एउटा लाश छ भनेकी थियौ, जब कि बेडरुममा कुनै लाश छैन ।

मायावी

लाश त गोदाममा छ ।

मानव

लाश कतै पनि छैन, मायावी ।
न बेडरुममा, न गोदाममा ।

मायावी

SELF-HYPNOTIC-MOOD

लाश शायद मेरो मनमा छ ।
मेरो मनभित्र एउटा लाश युगौंदेखि सडिरहेको छ ।

यस्तो लाग्दै छ
मेरो सर्वाङ्ग शरीर
गन्हाइरहेको छ ।

तिमीलाई मेरो शरीर गन्हाइरहेको छैन, मानव ? मलाई एकपल्ट सुँघेर हेर त ! मनमा सडेगलेको लाशको कुइगन्ध मेरो तनमा सरेजस्तो छ ।

मलाई सुँघ, मानव, प्लिज !
प्लिज, मलाई सुँघ !

मानव

मायावीलाई सुँघ्न थाल्छ । अङ्ग-प्रत्यङ्ग सुँघ्दै जान्छ ।

तिम्रो शरीरबाट त मगमग बास्ना आइरहेको छ, मायावी ।
सुगन्धित अगरबत्तीझैँ तिमी बसाइरहेकी छौ ।

मुख सुँघ्छ ।

तिम्रो सासमा सुकुमेलको बास्ना छ ।
औंलाहरू सुँघ्छ ।
औंलाहरूको काप-कापमा चन्दनको सुवास छ ।
कपाल सुँघ्छ ।
तिम्रो केशमा कफीको कुत्कुत्याउने कामुक वासना छ ।

मायावी

मलाई कफी पिउन मन लागेर ल्यायो ।

मानव

मलाई पनि त्यस्तै लागेर ल्यायो ।
तिमी बस्दै गर । म कफी बनाएर ल्याउँछु ।

मायावी

तिमी चैं बस्दै गर ।
कफी त म बनाएर ल्याउँछु ।

मानव

are you sure?

मायावी

more than sure!

मानव

मुत्रालयको बगलमै छ किचन ।

मायावी

थाहा छ ।

मानव

मेरो कफीमा ३ बिर्को ब्रान्डी, ४ बिर्को रम र ५ बिर्को ब्हिस्की मिसाउनु ल ! ब्ल्याक कफीमा ब्रान्डी, रम र ब्हिस्की घोलेर पिउन मलाई भयानक मन पर्छ ।

मायावी

मलाई थाहा छ ।

मानव

थाहा छ ?
कसरी थाहा छ ?

मायावी

कसरी भने तिम्रा केही अस्वाभाविक आदतहरूबारे मैले इतिहासको पुस्तकमा पढेकी हुँ । जस्तो कि आफ्नो हात र खुट्टाका नङहरू तिमीले ASH-TRAY मा सङ्ग्रह गरेर राखेका छौ ।

जस्तो कि...

गहिरो सोचमा पर्दा
तिमी काल्पनिक सिग्रेट पिउँछौ

र,
काल्पनिक
धुवाँ उडाउँछौ ।

मानव

यस्तो कुरा पनि इतिहासको पुस्तकमा लेखिएको छ ?

मायावी

जरुर लेखिएको छ ।
किनकि तिमी HISTORICAL FIGURE हौ नि त !

इतिहासको TEXT BOOK मा नलेखिएको भए मैले कसरी थाहा पाउँथें ?
जस्तो कि नाटकको रिहर्सल गर्दा तिमी अचाक्ली chewing–gum
चपाउँछौ । correct?

मानव

correct!

मायावी

you are
so singular
and peculiar!

मैले पढेअनुसार तिम्रो समयका अरू नाटक निर्देशकहरूभन्दा तिमी निकै
भिन्न छौ । जस्तो कि आफ्नो नाटक तिमीलाई winter season मा
मात्र मञ्चन गर्न मन लाग्छ ।

तिमीलाई अरू
के-के गर्न
मन लाग्छ
मानव ?

मानव

अहिले तिमी किचनतिर गएकै राम्रो, मायावी ! दुई पेग कफी लिएर
आऊ । एक पेग मलाई । अर्को पेग तिमीलाई । तिम्रो कफीमा पनि ३
बिर्को ब्रान्डी, ४ बिर्को रम र ५ बिर्को ह्विस्की मिसाउँदा हुन्छ ।

त्यतिन्जेल मलाई के-के गर्न मन लाग्छ, त्यसबारे सोच्छु । आत्म-मन्थन
गर्छु ।

मायावी किचनतिर प्रस्थान गर्छे । सेलफोनमा *VOICE RECORDER* 'अन'
गर्छ र त्यसलाई कफी टेबलमा राख्छ । आत्म-मन्थनको मुद्रामा काल्पनिक
चुरोट पिउँछ । काल्पनिक धुवाँ उडाउँछ । अनि बोल्न थाल्छ ।

मायावीले मलाई सोधेकी छे ।
मलाई के-के गर्न मन लाग्छ ?

मलाई
एकान्तमा
एकान्तसित
एकान्तकै बात गर्न मन लाग्छ ।

मलाई
शून्यताको आदिम
आवाजसँग मनमीत लगाउन मन लाग्छ ।

मलाई

मौनतामा

मौनतासित

मौनताकै गीत गुन्गुनाउन मन लाग्छ ।

म मौनतामा अल्झिरहेको एउटा जीवन
कहाँ जाने, कसलाई सोध्ने, कसलाई खोज्ने
कहाँ जाने ?
कसलाई सोध्ने ?
कसलाई खोज्ने ?
म
मौनतामा
अल्झिरहेको एउटा जीवन !

मलाई मायावीले सोधेकी छे ।
मलाई के-के गर्न मन लाग्छ ।

मलाई ऐनामा आफ्नो अनुहार हेर्दै भन्न मन लाग्छ, "सुन् रे मानव !
तँलाई त वास्तविक मानव बन्नु थियो, कसरी दानव भइस् ? मानव
शास्त्री हुनु थियो, कसरी दानव शास्त्री बनिस् ?"

मलाई मायावीले सोधेकी छे ।
मलाई के-के गर्न मन लाग्छ ?

मलाई त मध्य-रातमा
मदिरामा बरफ राख्दै
एमिली डिकिन्सनको पोयटिक हरफ वाचन गर्न मन लाग्छ ।

i'm NOBODY! who are you?
are you -NOBODY- too?
then there's a pair of us!
don't tell! they'd advertise-you know!

how dreary -to be- SOMEBODY!

i'm

NOBODY!

who are you?

are you -NOBODY- too ?

मायावीले मलाई सोधेकी छे ।
मलाई के-के गर्न मन लाग्छ ?

मलाई शहरका प्राचीन गल्लीहरूमा झोक्राएर बस्ने पत्र-मञ्जुषाहरूमा बेनाम चिठीहरू खसाल्न मन लाग्छ । मलाई आँसु र हाँसोको पुँजी तिम्रो मनको वाणिज्य बैंकमा डिपोजिट गर्न मन लाग्छ ।

मलाई आफ्ना अर्धमृत सपनाहरूको मलामी जान मन लाग्छ । मेरो मनभित्र निरन्तर बग्ने आदिम नदीमा मलाई यादहरूको अस्तुःधातु सेलाउन मन लाग्छ ।

मायावीको पुनः *ENTRY* भएको छ । उसको हातमा सिल्भर *TRAY* छ । *TRAY* मा एउटा लिपिस्टिक छ । एउटा नेल-पालिस छ । एउटा -*perfume pot*- छ । अनि गाजल पनि त छ । मायावीलाई झुलुक्क देखेपछि मानवले *VOICE RECORDER* 'अफ्' गरेको छ । मायामी सामु गई उभिएको छ ।

यो
के
हो,
मायावी ?

मायावी

यादहरूको अस्तुःधातु हो ।
तिम्रो ड्रेसिङ रुममा भेटिएको ।

मानव

तिमी त किचनतिर गएकी थियौ । कफी बनाउन ।

मायावी

त्यही त ! हेर न मानव ! किचनमै गएकी थिएँ । कफी बनाउनै लाग्दा तिमीले कति बिर्को ह्विस्की, कति बिर्को ब्रान्डी र कति बिर्को भोड्का राख्ने भनेका थियौ, मैले त भुसुक्कै बिर्सें ।

मानव

भोड्का होइन, रम पो त !

मायावी

त्यही त ! के-के, कति-कति बिर्को राख्ने, सम्झनै सकिनँ । तिमीलाई सोध्नु पर्‍यो भनी फर्कंदा मेरा पाइलाहरू अनायासै ड्रेसिङ रुमतिर आकर्षित भए । मेरो पालो ड्रेसिङ रुमभित्र छिरिदिए ।

ड्रेसिङ टेबलको
kingsized ऐनामा
आफुलाई हठात् देख्न पुगेँ ।

आफ्नो
रुपलाई नियालें !

कस्तो अच्चम !

मैले त आफ्नो अनुहार नै चिन्न सकिनँ । आफ्नै अनुहार मलाई
अपरिचित लाग्यो । अरू कसैको मुहारजस्तो । कस्तो-कस्तो ! शरीर हेर्छु
त दैया रे दैया ! शरीर पनि अरू कसैको जस्तो ।

look at me, MANAV
and please tell me!

के यो
अनुहार मेरै हो ?
के यो
शरीर मेरै हो ?

मानव

ऐनाले तिमीलाई धोका दिएजस्तो छ, मायावी ! sometimes MIRROR
does not reflect your true self! कहिलेकाहीं ऐनामा प्रतिविम्बित अनुहार
-completely deceptive and illusive- हुन्छ । भ्रामक र इन्द्रजालिक
हुन्छ ।

यो तिम्रै अनुहार हो मायावी !
यो शरीर पनि तिम्रै हो मायावी !

your face and body cannot be REPLACED by someone else's
face and body!

तिमी समग्रमा तिमी नै हौ मायावी !

तिम्रो अनुहारमा अरू कसैको अनुहार छैन ।
तिम्रो शरीरमा अरू कोही लुकेको छैन ।

मायावी

SILVER TRAY लाई कफी टेबलमा राख्दै

thank god!

this is my own face!

i'm the OWNER of this face!

thank god!

this is my own body!

i'm the OWNER of this body!

तर एउटा कुरा नि, मानव ! यो लिपस्टिकचाहिं कसको हो ? यो पर्फ्युम कस्को हो ? यो गाजल कस्को हो ? अनि यो नेल-पालिस चैं कसको ?

मानव

नोस्टाल्जियाग्रस्त हुँदै आफ्नो कालो नाइट गाउनबाट उसले एउटा काल्पनिक सिग्रेटको प्याकेट निकाल्छ ।
प्याकेटबाट एक खिल्ली काल्पनिक सिग्रेट थुत्छ । ओठमा च्याप्छ । नाइट गाउनको अर्को खल्तीबाट एउटा काल्पनिक लाइटर निकाल्छ । दुई-तीन पटकको असफल प्रयासपछि लाइटर बलेपछि उसले ओठबीच अल्झी बसेको काल्पनिक सिग्रेट सल्काउँछ ।
सिग्रेटको लामो कश तान्छ र ओठ चुच्चो पार्दै काल्पनिक धुवाँ ओकल्छ ।

मैले एउटा नाटक निर्देशन गरेको थिएँ । **लिपस्टिक, सिग्रेट र अन्य एकान्त ।** एक साइकोलजिकल थ्रिलर । जसको कथा एउटी अधबैंसे विधवा स्त्रीको मनोदशावरपर घुम्छ ।

मायावी

लिपस्टिक, सिग्रेट र अन्य एकान्त । कस्तो STRANGE टाइटल !
नाटक आफैंले लेखेका थियौ कि !

मानव

काल्पनिक सिग्रेटको धुवाँ उडाउँदै

नाटक कुमार नगरकोटीले लेखेको थियो ।
STRANGE TITLE /STRANGE आइडिया नगरकोटीकै खप्परमा फुर्छ ।

त्यो नाटक हरेक वर्षको शिशिर याममा चल्थ्यो । डिसेम्बर १७ देखि
मसान्तसम्म । चार वर्ष चलेपछि **लिपस्टिक, सिग्रेट र अन्य एकान्तलाई**
रोक्नुपर्‍यो ।
SILVER TRAY बाट नेलपालिस निकाल्छ । बिर्को खोल्छ र सोफामा
बसेकी मायावीको दुवै हातका नङ्हरूमा पालैपालो नेल-पालिस लगाउन
थाल्छ ।

मलाई लाग्छ,
म एक श्रापित प्रेमी हुँ !

लिपस्टिक, सिग्रेट र अन्य एकान्तमा चार वर्ष विभिन्न चार
अभिनेत्रीहरूले प्रमुख पात्रको भूमिकामा अभिनय गरे ।

ती चार
अभिनेत्रीहरूसित
म नराम्रोसँग प्रेममा परें ।

दुःखान्त के भने,
ती चारै जना अभिनेत्री मरे ।

मायावी

विस्मित भावमा

चारै जना मरे ?

मानव

प्रत्येक वर्ष डिसेम्बरको मसान्तमा नाटकको मञ्चन समाप्त हुन्थ्यो । भोलिपल्ट जनवरी १ मा, नयाँ वर्षको दिन अभिनेत्रीको आकस्मिक निधन भइहाल्थ्यो ।

पहिलो वर्षको नाटक मञ्चनपश्चात् मेरो पहिलो प्रेम मन्यो ।
दोस्रो वर्षको मञ्चनपश्चात् मेरो दोस्रो प्रेमको निधन भयो ।

तेस्रो वर्ष
तेस्रो प्रेमको देहान्त भयो ।
र, चौथो वर्ष मेरो चौथो प्रेमको
वियोगान्त भयो ।

मायावीको ओठमा लिपस्टिक लगाउन थाल्छ ।

त्यसैले
भनेको हुँ, मायावी !
म एक श्रापित प्रेमी हुँ ।

प्रत्येक वर्ष -लिपस्टिक, सिग्रेट र अन्य एकान्त- को रिहर्सल गर्दा म आफ्नै अभिनेत्रीको प्रेममा चुर्लुम्म डुब्थें ।

मायावीको आँखामा गाजल लगाउन थाल्छ ।

मेरो निरस एवम् बेरङ्ग प्रेमलाई म यसैगरी गाजल, लिपस्टिक र नेल-पालिसले रङ्गीन बनाउँथें । सजाउँथे । सिङ्गार्थें । रिहर्सलका ती दिनहरू मेरो जीवनका अविष्मरणीय यादहरू हुन् ।

मायावीको शरीरमा पर्फ्युम छर्कन्छ । नारी-देहलाई सुँघ्छ र आँखा चिम्लेर तृप्तताको लामो निश्वास छोड्छ । आँखा खोलेर *SILVER TRAY* का शृङ्गार सामग्रीहरूलाई नोस्टाल्जिक अन्दाजमा हेर्छ । एक-एक *ITEM* लाई औल्याउँदै बोल्छ ।

यो गाजल, यो पर्फ्युम
यो लिपस्टिक र यो नेलपालिसमा
मेरा दिवङ्गत प्रेमका पार्थिव यादहरू जोडिएका छन् ।

यी शृङ्गार सामग्रीहरू
मेरा यादहरूका अस्तुःधातु हुन् ।

मायावी

SILVER TRAY समाउँछे ।

मानव

अब यसो गरौं !

यी यादहरूको अस्तुःधातुलाई तिम्रो मनभित्र निरन्तर बग्ने आदिम नदीमा अब विसर्जन गर्न जाऔं ।

कफीघाट

जहाँ CEILING मा अड्किएको कात्रो भुइँमा लत्रिएको छ । कात्रोमा निम्न पङ्क्तिहरू क्यालिग्राफिक अक्षरमा लेखिएका छन् :

to hell

with

OBITUARY

live your life before death kills you

कफीघाट ७५ प्रतिशत सुनसान छ । बाँकी २५ प्रतिशत मन्द-मन्द लयमा बज्ने भायोलिन प्लस गिटार प्लस माउथ-अर्गन बाजाको संयुक्त पार्श्व ध्वनिले ओगटेको छ ।

अगल-बगलमा कुर्सीहरूलाई साथमा राखीवरी ३ वटा टेबल यथास्थानमा आसनबद्ध छन् ।

एउटा कुनालाई **घिमिरे युवराज**ले कब्जा गरेका छन् । उनले अघिल्लो दृश्यमा मानव शास्त्रीले पहिरेको NIGHT GOWN लगाएका छन् । लाम्चो ग्लासमा बियर पिउँदै उनी **बाथ-टब** नाटकको स्क्रिप्ट -याँमानको ढड्डा- जो टेबलभरि फिजिएको छ, पढिरहेका छन् । विशाल हाइलाइटरले डाइलगहरूलाई अन्डरलाइन गरिरहेका छन् ।

आफू वरपरको परिवेशसित बेखबर उनी एकसुरले आफ्नो कर्मकलापमा तल्लीन, लवलीन छन् । टेबलछेवै एउटा WHEEL BARROW छ, जो उनका निम्ति अत्यन्त प्यारो छ ।

यस्तैमा मायावीको प्रवेश भएको छ ।

मायावीको बायाँ हातका हतकडी छ । हतकडीमा ५-७ मिटर लामो सिक्री जोडिएको छ, जो मायावीको चालसितै लत्रिएको छ ।

ऊ एउटा कुर्सीमा बस्छे । मेनु पल्टाउँछे ।

सिक्रीलाई निस्फिक्री पछ्याउँदै मानवशास्त्री पनि कफीघाटमा भित्रिएको छ । उसको बायाँ हातमा पनि हतकडी बाँधिएको छ । पुरुष र स्त्री जन्जिरमा जकडिएका छन् । दुवै आमने-सामने बसेका छन् ।
आदि/इत्यादि

मायावी

मेनुलाई टेबलमा राख्छे । भित्ताको लोगो 'कफीघाट'मा केही बेर अल्झन्छे ।
मानव, यो क्याफे हो कि कफीघाट ?

मानव

क्याफे नै हो मायावी ।
क्याफेको नाम चैं कफीघाट हो ।

मायावी

यस्तो कफीघाटमा त मलामीहरू आउने होलान् । होइन ?

मानव

यु आर राइट !
यहाँ मलामीहरू नै आउने गर्छन् ।

मायावी

यादहरूको अस्तु:धातुलाई मनको नदीमा सेलाउने ।
त्यसपछि यो कफीघाटमा आउने । कि, कसो ?

मानव

you're absolutely right!

मायावी

यहाँ कस्ता खालका मलामीहरू आउँछन् ?

मानव

विशेष गरी कविताको मलामी जानेहरू यो कफीघाटमा आउने गर्छन् । भेटघाटमा कविहरू कवितामा मानवीय संवेदनाले SUICIDE गरेको बारे चर्चा-परिचर्चा गर्छन् ।

साम्यवाद र पुँजीवादको मलामी जानेहरू पनि कहिलेकाहीं यहाँ आउँछन् । अनि धर्मको मलामी जानेहरूको त के नै पो कुरा गर्नु र ! राष्ट्रवादको मलामी जानेहरू पनि दिन बिराएर यो कफीघाट धाउँछन् ।

मायावी

राजनीतिको मलामी जानेहरू चैं यो कफीघाटमा आउँदैनन् ?

मानव

आउँदैनन् ।

राजनीतिको
मलामी जानेहरूलाई
यहाँ प्रवेश निषेध गरिएको छ ।

they are
strictly prohibited!

उसको नजर -घिमिरे युवराज- मा गई अल्झन्छ । व्यङ्ग्यात्मक अन्दाजमा बोल्छ ।

कहिलेकाहीं
यो कफीघाटमा

नाटकको मलामी जानेहरू
पनि
आ
उँ
छ
न् !

मानवशास्त्री र घिमिरे युवराजका आँखा जुध्छन् । फिस्स मुस्कुराउँदै दुवैले एकाकार्लाई हात हल्लाउँछन् । मायावी पछाडि फर्केर घिमिरे युवराजलाई हेर्छे ।

मायावी

को
हो त्यो ?

मानव

नाटकको मलामी जाने मान्छे हो । नाम घिमिरे युवराज ।

मायावी

oh, my god!
घिमिरे युवराज भनेको उहाँ नै हो !

इतिहासको TEXT BOOK मा मैले उहाँबारे पनि पढेकी थिएँ ।

मानव

त्यसको बारे पनि इतिहासमा लेखिएको छ ?

मायावी

छ नि त !

मानव

त्यसो भए,
त्यो इतिहासलाई सम्पादनको चरम खाँचो छ ।

खैर एनिवेज ।

ऊ अचेल नीर शाहलाई लिएर नयाँ नाटक गर्दै छ । शिल्पी थिएटरमा ।
नीर शाहको अपोजिट FEMALE LEAD ROLE मा नयाँ केटीलाई
कास्ट गर्दै छ ।

मायावी

को नयाँ केटी ?

मानव

छे, एउटी !
भूषिता वशिष्ठ ।

मायावी

भूषिता विशिष्ट ?

मानव

विशिष्ट होइन, वशिष्ठ । व-शिष्ठ ।

मायावी

व-शिष्ट ?

मानव

शिष्टाचारको 'शिष्ट' होइन क्या !
व-शिष्ठ । ट होइन, ठ ! शिष्ठ, व-शिष्ठ ।

मायावी

व-शिष्ठ ।

मानव

करेक्ट ।

घिमिरे युवराजको प्रस्थान-बेला भएजस्तो छ । उनले बियरको अन्तिम बुँद घुट्क्याइसकेका छन् । 'बाथ-टब'को ढड्डालाई *WHEEL-BARROW* मा राख्छन् । त्यसलाई गुडाउँदै बाहिरिने क्रममा मायावी-मानवको टेबलमा केही बेर अल्झन-बल्झन पुग्छन् ।

घिमिरे युवराज

long time,
no see, MANAV jee!

मानव

त्यही त भन्या, घिमिरेजी !
आराम हुनुहुन्छ ?

घिमिरे युवराज

आराम छु । आराम चाहन्छु ।

मानव

मायावीतर्फ इशारा गर्छ ।

meet my girlfriend, मायावी !
my FUTURE-wife!

घिमिरे युवराज

मायावीसित *hi/hello* पश्चात् ।

so nice to meet the future-wife!
कतै FUTURE बाटै आउनुभएको त होइन ?

खैर, जे होस् !
तपाईंको नाम-मायावी-मलाई मन पर्‍यो, मायावीजी !

अनि, मानवजी !
नयाँ नाटक कहिले ल्याउँदै हुनुहुन्छ ?

'लिपस्टिक, सिग्रेट र अन्य एकान्त'को धारावाहिक hangover बाट अब
त मुक्त हुनुपर्‍यो । तपाई त serial hangover मै मुग्ध हुनुभयो ।

मानव

जो मुग्ध भयो
सम्झनुस्, ऊ मुक्त भयो ।

घिमिरे युवराज

well said!
well said!!

मुग्धता र मुक्तता twin sisters हुन् ।
twin sisters मध्ये कुनै एकको मनमा पसे हुन्छ । प्रेममा फसे हुन्छ ।
किसो मायावीजी ? twin sisters मध्ये तपाई कुन चाहिं पर्नुभयो ?

मुग्धता कि मुक्तता ?

मायावी

म,

शायद मुग्धता !

घिमिरे युवराज

त्यसैले शायद मानव जी तपाईंप्रति मुग्ध हुनु भा' होला !

खैर, जेहोस् !

मानवजी, मुग्धताको साँघुरो गल्लीबाट मुक्तताको फराकिलो राजमार्गमा निस्कनुपर्‍यो । नयाँ नाटक निर्देशन गर्नुपर्‍यो ।

मानव

नाटक छोड्नुस् घिमिरे जी !
फिलहाल त म प्रेम गर्दै छु ।

नाटकबारे केही सोचिहालेको छैन ।

हतकडी र जन्जिर देखाउँदै

इः हेर्नुस् ! प्रेमको बन्धन ।
म त घिमिरे जी वास्तवमा प्रेमकैदी पो भइगएँछु ।

प्रेमको
हतकडी र जन्जिरमा
यसरी बाँधिएको छु ।

घिमिरे युवराज

तपाईंको यस्तो हालत कसरी भयो ?
कुन जेलरले यसरी प्रेमको कैदी बनायो ?

मानव

करीब एक हप्ता अधिको कुरा हो । राति हामी सँगसँगै सुतेका थियौं । वाइन र अगलेट खाएका थियौं । अन्ताक्षरी खेलेका थियौं ।

सेक्स गरीवरी मस्तसँग निदाएका थियौं ।

सबै ठीकठाक भएको थियो तर बिहान उठ्दा हाम्रो हातमा यो हतकडी थियो । यो जन्जिर थियो ।

हामीलाई हतकडीमा बाँध्ने जेलर भने गायब थियो । हामी निद्रामा भुस भएको बखत त्यो जेलर कहाँबाट आयो ? हामीलाई यो HANDCUFF लगायो र कता गयो ? थाहा-पत्तो केही भएन ।

धिमिरे युवराज

यो हतकडी खोल्ने साँचो काँ होला ?
कोसित होला ?

मानव

त्यही अज्ञात जेलरसित होला ।
अरू कोसित होला !

धिमिरे युवराज

अब यसैगरी हतकडी र जन्जिरमा घुमी हिंड्ने ?

मानव

अफकोर्स, यसै गरी घुमी हिंड्ने धिमिरेजी !
we don't have other options!

घिमिरे युवराज

तपाईंहरू यसरी हतकडी र जञ्जिरमा जेलिएर/बाँधिएर हिँडिरहनुभएको छ । म WHEELBARROW मा नाटकको ढड्डा गुडाउँदै हिँडिरहेको छु । अनि हाम्रो भेटघाट चैं कफीघाटमा भएको छ । तपाईंलाई लाग्दैन मानवजी ? यस्तो ABSURD घटना त केबल नगरकोटीको ABSURD खप्परमा घट्छ !

मायावी

wait a minute!

you mean to say: हामी ABSURD घटना हौं !
जो तथाकथित नगरकोटीको ABSURD खप्परभित्र 'घटिरहेका छौं' !

घिमिरे युवराज

EXACTLY!

यो जुन SETTING मा हामी पाइएका/भेटिएका छौं, यो नगरकोटीको पराकल्पना पनि त हुनसक्छ । तपाईंहरूलाई यस्तो लाग्दैन ? कि, हामी नगरकोटीद्वारा पराकल्पित कुनै नाटकमा भाग लिइरहेका छौं । कि, त्यो नाटकको कुनै दृश्यमा अभिनय गरिहेका छौं ।

LET ME CHECK!
let me check, indeed, we're inside some PLAY!

Let me speak to the AUDIENCE!
हामी अघिल्तिरको अँध्यारो SPACE मा पक्कै पनि दर्शकहरू हुनुपर्छ ।

दर्शकहरूतर्फ मुखातिब हुँदै घिमिरे युवराज बोल्न थाल्छन् ।

आदरणीय दर्शकवृन्द !
तपाईंहरू यतैकतै बसेर हामीलाई
अवलोकन गर्दै हुनुहुन्छ भन्ने कुरामा म,

अर्थात्,
घिमिरे युवराज
शतप्रतिशत विश्वस्त छु ।

मलाई
के लाग्छ भने...

मानव

तपाईंलाई
के लाग्छ भन्ने कुरा
मसित गर्नुस्, घिमिरेजी !

but, please
for god's sake!

DON'T BREAK THE FOURTH WALL!

FOURTH WALL भत्काउनु भनेको नाटकको नियम-कानुन भत्काउनु
बराबर हो ।

घिमिरे युवराज

नियम-कानुनका
तथाकथित WALL हरू
त भत्काउने नै हो, मानवजी !

नयाँ, नवीन, नुतन
आविष्कारका लागि मान्यताका
पुराना पर्खालहरू भत्काउनु नितान्त आवश्यक छ ।

मानव

मान्यताका सो-कल्ड पुराना पर्खालहरू आफ्नो नयाँ PLAY मा भत्काउनुहोला,
घिमिरेजी ! त्यसका निम्ति तपाईंलाई मेरो ADVANCE शुभकामना !

खैर, एनिवेज !

WHEEL BARROW को
त्यो ढड्डा
'बाथ-टब'को
पाण्डुलिपि त होइन कतै !

घिमिरे युवराज

सही भन्नुभयो ।
'बाथ-टब'कै पाण्डुलिपि हो ।

मानव

गह्रुँगो छ
जस्तो छ !

घिमिरे युवराज

नगरकोटीको TEXT हो । गह्रुँगो त हुने भैहाल्यो नि !

मानव

गह्रुँगो TEXT तपाईंका दर्शकहरूले बुझ्लान् त ?

घिमिरे युवराज

के कुरा गरेको मानवजी !

नाटकका दर्शकहरू पहिलेका जस्ता छैनन् । रहेनन् ।
दर्शकहरू LITERATE भै सकेका छन् ।

by the way, MANAV jee!
मलाई एउटा सल्लाह दिनुहुन्छ कि !

मानव

कस्तो सल्लाह ?

घिमिरे युवराज

हेर्नुस् न !
मलाई एउटा सङ्कट आइलाग्यो ।

मानव

कस्तो सङ्कट आइलाग्यो घिमिरेजी ? खुलस्त भन्नुस् ।

घिमिरे युवराज

म अचेल मेरो आगामी नाटक 'बाथ-टब'को रिहर्सलमा व्यस्त छु ।
नाटकमा नीर शाह र हरिहर शर्माजस्ता VETERAN कलाकारहरूलाई
कास्ट गरेको कुरा त तपाईंलाई थाहै होला ।

मानव

थाहा छ, थाहा छ ।
यो कुरा अचेल –talk of the town– भएको छ ।

तर एउटा कुरा घिमिरेजी !
हरिहर शर्मा त 'सङ्गीत तथा नाट्य एकेडेमी'को उप-कुलपतिमा भर्खरै

नियुक्त हुनुभयो, होइन र ! यस्तोमा उप-कुलपतिको पद छाडी-छाडी अब उहाँले तपाईंको नाटक खेल्नुहोला र ?

घिमिरे युवराज

त्यही त मेरो सङ्कट हो, मानवजी !
नाटक खेल्न उहाँ असमर्थ हुनुभयो ।

म अहिले हरिहर शर्माले त्यागेको भूमिकामा अभिनय गर्न सक्ने theatre artist को खोजीमा छु । तपाईंको नजरमा त्यस्तो कलाकार को होला ? नाम suggest गर्नुपऱ्यो ।

मानव

हरिहर शर्माले त्याग्नुभएको चरित्र केको हो ?

घिमिरे युवराज

सिरियल किलरको ।

मानव

सोचमग्न हुँदै काल्पनिक सिग्रेट पिउँछ । धुवाँ उडाउँछ ।

दिव्यदेव कस्तो होला ?

घिमिरे युवराज

दिव्यदेव ?

मानव

अँ, दिव्यदेव !
दिव्यदेव कस्तो होला ?

मलाई लाग्छ, सिरियल किलरको चरित्रमा दिव्यदेव उपयुक्त होला । दिव्यदेवलाई काष्ट गर्नुभयो भने तपाईंले उसको LOOKS र get-up मा ज्यादा मेहनत पनि गरिरहन नपर्ला ।

किनभने दिव्यदेव
हेर्दै serial killer जस्तो देखिन्छ ।

घिमिरे युवराज

दिव्यदेवसँग तपाईंको कस्तो सम्बन्ध छ ?

मानव

खासै राम्रो सम्बन्ध छैन ।

frankly speaking
i hate DIVYA DEV!

अङ्ग्रेजी नाटकहरू खेलेर ज्यादै पुलपुलिएको छ । तर बज्याको अङ्ग्रेजी ACCENT चाहिं दामी छ । ENGLISH PLAYS मा त्यसको व्यक्तित्व जम्छ पनि । नेपाली नाटकको त दिव्यदेवलाई झड्केलो सन्तान भन्दा हुन्छ ।

खैर, एनिवेज !

तपाईंले सिरियल किलरको 'जिक्र' गरेकाले मलाई झ्वाट्ट दिव्यदेवको थोपडा याद आएको हो ।

you can cast DIVAYA DEV at your own RISK!
what more can i say?

घिमिरे युवराज

thank you, MANAV jee!

सिरियल किलरको भूमिकामा दिव्यदेवबारे म जरुर सोचविचार गरुँला ।
अहिले जान्छु । 'बाथ-टब' हेर्न अवश्य आउनुहोला । तपाईलाई अग्रिम निम्तो छ ।

WHEELBARROW गुडाउँदै प्रस्थानोन्मुख हुन्छन् । जाँदाजाँदै, दृश्यबाट
ओझेल हुनुअघि मानव शास्त्रीलाई निम्तालु भाकामा भनी पठाउँछन् ।

मानवजी, 'बाथ-टब'को PREMIERE SHOW मा future wife लाई पनि
जरुर लिएर आउनुहोला, ल !

गुड बाई !
खुदा हाफिज !

मायावी

त्यसले दिव्यदेवलाई नाटकमा लिन्छ होला त !

मानव

के खाएर लिन्थ्यो नाइँ !
यो सहरमा जगेडा आर्टिस्टहरूको कुनै कमी छैन ।

तिनीहरूमध्ये कसैलाई लिन्छ नि !

forget DIVA DEV, MAYAVI!
let's not waste our time by talking about that acting-MANIAC
called DIVYA-DEV!

बरू तिमी
के लिन्छौ, भन ।

मायावी

तिमी जे लिन्छौ, म त्यही लिन्छु ।

मानव-पल्याक पुलुक- यताउता हेर्छ । कसैलाई

खोजेजस्तो

गर्छ । आसपास कसैलाई

नदेखेपछि टेबलमा भएको स्यानो घण्टी उठाउँछ । घण्टी बजाउँछ ।
घण्टीको आवाज-टिङटिङ/टिङटिङ- उसलाई निकै

मन

परे

जस्तो

छ । आफ्नो कानैमा लगेर बजाउँछ:

टिङ-टिङ

टिङ-टिङ

टिङ-टिङ

टिङ-टिङ । मायावीको कानैमा लगेर

पनि घण्टी बजाउँछ:

टिङ-टिङ

टिङ-टिङ

टिङ-टिङ

टिङ-टिङ । यस्तैमा –*out of nowhere*– वेट्रेसको

आगमन भइटोपल्छ ।

वेट्रेस

कफीघाटमा यहाँहरूलाई स्वागत छ । यहाँहरूको सेवामा यो सेविका
हाजिर छ । भनिलिनुस्, यहाँहरूलाई कस्तो खालको व्यञ्जन टक्राऊँ ?

मानव

first of all,
tell me o' सेविका !

यो कफीघाट

आज किन यति सुनसान छ ?

मलामीहरू

कता गएछन् ?

वेट्रेस

मलामीहरू !

मानव

तिमी यहाँ नयाँजस्ती छौ ।
तिमीलाई यसअघि यहाँ कहिल्यै देखेको थिइनँ ।

वेट्रेस

म यहाँ ज्वाइन भएको १३ दिन मात्र भयो मानव सर !

मायावी

मानवतिर औल्याउँदै

तिमी उहाँलाई चिन्छौ ?

वेट्रेस

मानव शास्त्रीलाई नचिन्ने नाटक-प्रेमीहरू त यो शहरमा को नै पो
होला र ?

मानव

तिमी मलाई साँच्चिकै चिन्छौ ?

वेट्रेस

साँच्चिकै त यो जगत्मा कसले कसलाई पो चिन्ला र सर ! म तपाईंले
निर्देशन गरेका नाटकहरू अत्यन्तै मन पराउँछु । विशेष गरी 'लिपस्टिक,
सिग्रेट र अन्य एकान्त' मेरो मनप्रिय PLAY हो ।

मानव

so nice of you, सेविका !
i'm totally impressed!

वेट्रेस

thank you, sir!

मानव

अब यसो गर ।

मेनु पल्टाउँछ

वेट्रेस

कसो गरूँ सर ?

मानव

मलाई मेरो regular drink ल्याइदेऊ ।

वेट्रेस

what is your
REGULAR DRINK, sir?

साँच्चिकको अप्रत्यासित नजर आफूमा ओइरेको देखेर सम्हालिन्छे ।

म यहाँ नयाँ छु । तपाईंको regular drink बारे कुनै ज्ञान नभएकोमा यो सेविका अत्यन्त लज्जित छे ।

मायावी

लज्जित हुनुपर्ने कुनै कारण छैन ।

ब्ल्याक कफीमा ३ बिर्को ब्रान्डी, ४ बिर्को रम र ५ बिर्को ह्विस्की मिसाऊ । उहाँको regular drink ready! that's all!

मानव

बुझ्यौ त सेविका ?

वेट्रेस

बुझें सर ।

मानव

के बुझ्यौ ?

वेट्रेस

ब्ल्याक कफीमा ३ बिर्को ब्रान्डी, ४ बिर्को रम र पाँच बिर्को… !

सम्झने प्रयत्न गर्दै

पाँच बिर्को/पाँच बिर्को -के भन्छ- अँ, अँ, अँ पाँच बिर्को भोड्का !

मानव

nononononononono!
not vodka, सेविका ।
ह्विस्की, पाँच बिर्को ह्विस्की । अलराइट ?

वेट्रेस

नोटप्याडमा टिप्दै

अलराइट सर ।

मायावीतिर मुखातिब हुन्छे ।

अनि म्याम तपाईलाई ?

मायावी

मलाई पनि त्यही जिनिस ल्याऊ ।
ब्ल्याक कफीमा
३ बिर्को ब्रान्डी,
४ बिर्को रम

वेट्रेस

पाँच बिर्को ह्विस्की !

मायावी

करेक्ट ।

वेट्रेस

अरू केही म्याम ?
मिस्टिका केक ल्याऊँ कि !

मायावी

हुन्छ । मिस्टिका केक ।
जाऊ । लिएर आऊ ।

मानव

मायावी, म मुत्रालय गएर आउँछु ।
तिमी बस्दै गर ल ! म मुत्रमुक्त भएर आइहाल्छु ।

वेट्रेस

के भएर आउने रे सर ?

मायावी

मुत्रमुक्त ।
मुत्रमुक्त भएर आउने ।

मानव र वेट्रेस प्रस्थान गर्छन् । मायावी आङ तन्काउँछे । आसनमुक्त हुँदै यताउता चहलपहल/चहलकदमी गर्छे ।
भित्तामा
लेखिएको कफीघाटको *LOGO* लाई नजिक गई हेर्छे । कात्रोमा लेखिएको *CALIGRAPHIC* पङ्क्तिलाई पढ्छे । मुखबाट फुसफुसाउँछे: *to hell with obituary!* आफूसितै लत्रिएको फलामको सिक्रीलाई सम्हाल्छे । जोडजोडले कात्रोको स्टेटमेन्ट उच्चारण गर्छे : *to hell*

with

OBITUARY! live your life before death kills you! यस्तैमा वेट्रेस *TRAY* सितै पूनः प्रवेश गर्छे । *CAKE & COFFEE* लाई टेबलको दुई छेउ मिलाएर राख्छे । मायावीले इशाराले बोलाएपछि ऊ त्यतै -कात्रो भएतिर- जान्छे ।

मायावी

मलाई एउटा कुरा भन त !

अघि तिमीले मानव शास्त्रीलाई चिन्छु भनेकी थियौ ?
कुन अर्थमा, कुन रुपमा चिन्छौ ?

वेट्रेस

एक
brilliant theatre director
को रुपमा ।

तर
THEATRE WORLD मा
उहाँको अरू रूपहरूबारे
पनि बेलाबखत चर्चा परिचर्चा भइरहन्छ ।

मायावी

कस्तो अरू रूप ?

वेट्रेस

उहाँको मानसिक रुप ।

मैले एउटा पत्रिकामा पढेको । उहाँ आफ्नो कल्पनाको संसारमा
बाँच्नुहुन्छ । भ्रम र यथार्थ छुट्याउन सक्नुहुन्न । मानव शास्त्री आफ्नो
अवचेतन मनको बन्दी –PRISONER– हुनुहुन्छ ।

मायावीको हतकडी समाउँछे/सिक्री खेलाउँछे ।

मलाई लाग्छ, म्याम !
मानव शास्त्रीले तपाईंलाई पनि
आफ्नो अवचेतन मनको बन्दी –PRISONER– बनाउनुभएको छ ।

मायावी

'लिपस्टिक, सिग्रेट र अन्य एकान्त'को inside story बारे तिमीलाई केही थाहा छ ?

वेट्रेस

त्यो मेरो मनप्रिय नाटक हो । प्रत्येक वर्षको डिसेम्बरमा त्यो नाटकको प्रदर्शनी हुन्थ्यो । चार वर्ष चलेर रोकियो । मैले त्यो नाटक चारै वर्ष हेरेकी थिएँ । प्रत्येक वर्ष नाटकका अभिनेत्री फरक हुन्थे ।

मायावी

ती अभिनेत्रीबारे तिमीलाई के थाहा छ ?

वेट्रेस

ती चारै जना एक-सा-एक थिए ।
रूपमा एक-सा-एक । व्यक्तित्त्वमा एक-सा-एक ।

कसैको कसैसँग तुलना गर्नु घृणास्पद काम हो ।
आ-आफ्नो हकमा ती चारै जना अभिनेत्री अतुलनीय थिए ।

मायावी

ती अभिनेत्रीहरूको
मृत्यु चैं कसरी भएको थियो ?

वेट्रेस

आश्चर्यको भावमा

मृत्यु ???

मायावी

त्यही त ! कस्तो दुःखान्त मृत्यु ! अनि कता-कता नाटकीय मृत्युजस्तो !

नाटकको अन्त्य हुनु र प्रत्येक वर्ष नायिकाको पनि अन्त्य हुनु । यस्तै घटनालाई शायद COSMIC COINCIDENCE भनिइँदो हो । एउटी अभिनेत्रीले त SUICIDE नै गरेकी थिई रे !

वेट्रेस

तपाईं के कुरा गरिरहनुभाँछ, म्याम ?
यस्तो कपोलकल्पित, बकम्फुसे कुरा तपाईंलाई कसले सुनायो ?

मायावी

कपोलकल्पित ?

वेट्रेस

हन्ड्रेड पर्सेन्ट कपोलकल्पित, म्याम !

मायावी

प्रत्येक वर्ष नाटकमा अभिनय गर्ने नायिकाहरूको मृत्यु भएको होइन ? मलाई सुनाइएको थियो कि प्रत्येक वर्ष डिसेम्बरको मसान्तमा -**लिपस्टिक, सिग्रेट र अन्य एकान्त-** को मञ्चन सकिन्थ्यो । र, अघिल्लो दिन, जनवरी १, मा नायिकाको मृत्यु हुन्थ्यो ।

वेट्रेस

ती सबै नायिकाहरू ज्युँदै छन्, म्याम !

अचेल पनि ती नायिकाहरू नाटक र फिल्महरूमा अभिनय गरिरहेका छन् । यस्तो काल्पनिक कुरा तपाईंलाई पक्कै पनि मानवशास्त्रीज्यूले सुनाउनुभा होला । उहाँका मनगढन्त कुराहरू नपत्याउनुस्, म्याम !

मायावी

मनगढन्ते ?

वेट्रेस

हन्ड्रेड पर्सेन्ट मनगढन्त, म्याम !

मलाई के लाग्दै छ भने,
तपाईं मानव शास्त्रीज्यूको पराकाल्पनिक
चक्रव्यूहमा नराम्रोसित फस्दै गइरहनुभएको छ ।

यो हतकडी र जन्जिरबाट कुनै
उपाय निकालेर
फुत्कनुस् म्याम !

i have a dark,
strange feeling, mam!

FREE yourself from
this chain of CAPTIVITY!

GET OUT
of your own way!

तपाईं
आफ्नै जिन्दगीको
मलामी गइरहनुभा'छ म्याम !

वेट्रेस हडबडाउँदै बाहिरिएकी छ
                        किनभने
                मानव शास्त्रीको प्रवेश भइगएको छ ।

सोचको मायाजालमा/इन्द्रजालमा

चुर्लम्म

डुबेकी मायावीलाई

देखेर कुटिल/*SINISTER* हाँसो मुस्कुराएको छ ।

कानमा

केही कानेखुसी गरेको छ ।

मायावी

मुस्कुराएकी छे ।

दुवै जना टेबलमा गई आमने-सामने

बसेका छन् । कफीको मग उठाएर 'चियर्स' गरेका छन् । *COFFEE with brandy, rum and WHISKY* पिउन थालेका छन् ।

मानव

i've a PLAN

for you, मायावी ।

मायावी

कस्तो प्लान मानव ?

मानव

तिमीलाई नाटकमा खेलाऊँ कि भन्ने सोच आएको छ ।

मायावी

'लिपस्टिक, सिग्रेट र अन्य एकान्त'मा ?

ना, बाबा, ना !

यो त almost impossible छ, मानव ! तिम्रो यो श्रापित नाटकको अन्तिम मञ्चनको next day अभिनेत्रीको मृत्यु भइजान्छ क्यारे !

am i right?

यस्तै भनेको होइनौ, तिमीले ?

तर, मानव !
म मेरो मृत्यु भइजाओस्
भन्ने कदापि चाहन्नँ ।

कम्तीमा इतिहास र भविष्यबीचको यो TRANSIT मा म मर्न चाहन्नँ ।
मेरो मुत्यु असम्भव छ, मानव !

मानव

धत्तेरिका !

you got it
WRONG, मायावी ।

मैले 'लिपिस्टिक, सिग्रेट र अन्य एकान्त'को कुरा गरेको होइन क्या !
त्यो त मेरो अतीत थियो । एक अभिषप्त अतीत ।

मायावी

अतीत त,
पतित हुन्छ मानव !

मानव

के हुन्छ रे ?

मायावी

अतित त पतित हुन्छ ।
ज्यादै पतित हुन्छ ।

मानव

so, let's forget अतीत ।
to hell with अतीत which is पतित ।

अँ त, म भन्दै थिएँ ।
तर, के पो भन्दै थिएँ रे ?

मायावी

तिमी मलाई 'लिपिस्टिक, सिग्रेट र अन्य एकान्त'मा खेलाउनेबारे केही
भन्दै थियौ !

मानव

'लिपिस्टिक, सिग्रेट र अन्य एकान्त' होइन । त्यो त तिमीले भनेझैँ अतीत
थियो, जो tremendously पतित थियो । खासमा त मैले तिमीसित
TRANSIT को कुरा गरेको ।

मायावी

ट्रान्जिट ?

मानव

yes, मायावी, transit!
just imagine! एकपटक सोच त !

भविष्यबाट आएकी युवती कालपर्यटन गर्दै इतिहासमा पुगेकी छे ।
बालकृष्ण समलाई भेटेकी छे । अनि मेरो वर्तमानको TIME ZONE मा
पसेकी छे ।

र, TRANSIT मा फसेकी छे ।
यो तिम्रो कथा हुनेछ, मायावी !

this idea

will make a

magnificient play!

मायावी

IDEA

seems to be fine!

तर मानव, आइडिया मात्रले त नाटक बन्दैन । यो कथा मेरो हुनेछ । मैले मानें । ट्रान्जिटमा –TIME TRANSIT– मा फसेकी युवतीको कथा !

तर यो आइडियामा
नाटक चैं कसले लेख्नेछ ?

मानव

अरू कसले ?
निःसन्देह नगरकोटीले ।

तिम्रो कथालाई नगरकोटीले नाटकमा ढाल्नेछ अनि नाटकलाई म निर्देशन गर्नेछु । TIME TRANSIT मा फसेकी युवतीको भूमिकामा तिमीले अभिनय गर्नेछौ । के भन्छौ ?

मायावी

सोचमग्न हुन्छे ।

not a bad idea!

तर एउटा संदिग्ध प्रश्न, ल !
नगरकोटीले नाटक लेख्ला र ?

मानव

तिमीलाई देखपछि नगरकोटीले कसरी –NO– भन्ला र ! तिम्रो अजिब-
ओ-गरीब कथा सुनेर नगरकोटीले कसरी –who cares– भन्ने आँट
गर्ला र !

बस्, तिमी हुन्छ भन ।
नगरकोटीलाई नाटक लेखाउने जिम्मा मेरो भयो ।

मायावी

तैपनि मानव !
मलाई एकछिन सोच्न देऊ ।

मानव

एकछिन मात्र किन, मायावी ?
एकदिन नै सोच ।

मस्तसँग सोच ।
take your time!

COFFEE को मग समातेर मायावी

कुर्सीबाट उठेकी छे । सोचमग्न हुँदै
यताउता सिक्री घिसार्दै निस्फिक्री हिँडडुल गर्न थालेकी छे ।

दृश्यबाट बिस्तारै–
बिस्तारै ओझेल भएकी छे ।

VIOLIN, GUITAR अनि *MOUTH ORGAN* बाजाको जुगलबन्दी
चलेको छ । मानव शास्त्रीले खल्तीबाट *CELLPHONE* निकालेको छ ।
VOICE RECORDER 'अन' गरेको छ । घाँटी सफा गर्दै आफ्नो आवाज
रेकर्ड गर्न थालेको छ ।

जिन्दगी
जन्म र मृत्युको ट्रान्जिट हो ।

यही ट्रान्जिटमा
केही पल/केही क्षण बाँच्नु छ ।

प्रियजन र हितैषीहरूको सम्झना साँच्नु छ ।

अर्को पल
अलबिदा गर्नु छ
अर्को क्षण
सायोनारा गर्नु छ

चुपचाप/चुपचाप मर्नु छ ।
एउटा चोलाबाट अर्को चोलामा डेरा सर्नु छ ।

यो ट्रान्जिट अस्तित्वको मध्यान्तर हो । यही मध्यान्तरमा जिन्दगी
CELEBRATE गर्नु छ । यादका बीजहरूलाई मनको बाँझो बगैंचामा छर्नु छ ।

म अहिले कफीघाटमा छु ।

अघि मुत्रालयमा थिएँ । जहाँ मैले निकै बेर सोचें र एउटा निष्कर्षमा
पुगें । मायावीलाई लिएर अब मलाई एउटा नयाँ नाटक निर्देशन गर्नु छ ।
'लिपिस्टिक, सिग्रेट र अन्य एकान्त'को धारावाहिक hangover बाट अब
मलाई मुक्त हुनु छ ।

नयाँ नाटकको टाइटल –TRANZIT– हुनेछ ।
त्यो नाटकमा दिव्य देव खेल्नेछ ।

दिव्यदेव खेल्ने छ ! REALLY?
या दिव्यदेवको –alter ego– ले नाटक खेल्नेछ !

खैर, एनिवेज !

जिन्दगी जन्म र मृत्युको ट्रान्जिट हो । खुदा हाफिज । *over & out!*

दृश्यबाट ओझेल भएकी मायावी पूनः

देखा परेकी छे ।

गुमसुम

गुमसुम

सोचमग्न भएकी ऊ मानव शास्त्रीले

उच्चारण गरेका अन्तिम शब्दहरू

खुदा हाफिज र

over & out सुनेर केही सजग

भएकी छे । हतकडी र फलामको सिक्री सम्हाल्न उसलाई गाह्रो भएको

जस्तो छ । हिंड्दा आफू

सँगसँगै भुइँमा लत्रिने जञ्जिरले उसलाई

कफी पिउनमा निकै अफ्ठ्यारो पारेजस्तो छ । यद्यपि कफीको चुस्की

लिइरहेकी छे । केही दूरीबाट मानव शास्त्रीलाई अपलक हेरिरहेकी छे ।

मानव

मलाई बडो अन्जान/अपरिचित नजरले हेरिरहेकी छौ, मायावी !
नयाँ नाटक –TRANZIT– बारे के सोच्यौ त ?

मायावी

नाटकको आइडिया मलाई निकै मन पऱ्यो ।
तर म भित्र एउटा सन्देह छ ।
सन्देह राखूँ ।

मानव

निःसन्देह राख ।

मायावी

कुरा के भन्देखिन्, नाटक -TRANZIT- तिमीले निर्देशन गर्नेछौ । मायावीको भूमिकामा म स्वयम् अभिनय गर्नेछु । तर तिम्रो चरित्र चैं कसले निर्वाह गर्नेछ ?

मानव

दिव्यदेवको alter-ego ले मेरो चरित्र निर्वाह गर्नेछ, मायावी ! don't worry about that!

दिव्यदेवको
ALTER EGO
सित म आफैं कुरा गर्नेछु ।

मायावी

उत्साहपूर्वक

त्यसो भए दिव्यदेवको –alter ego– सित मेरो भेटघाट हुन्छ ?

मानव

जरूर हुन्छ ।

मायावी

so nice of you, मानव !

'सम कलेज अफ ड्रामाटिक्स'मा अभिनयको प्रशिक्षण लिँदा मैले कुनै दिन मेरा मनप्रिय नाटक निर्देशक मानव शास्त्री, द मानव शास्त्रीको नाटकमा अभिनय गरुँला भन्ने सपनामा पनि चिताएकी थिइनँ ।

सपनामै नचिताएको कुरा आज विपनामा साकार हुन गइरहेको छ ।

अब केबल बाँकी रह्यो नगरकोटीलाई भेट्न । जसले मेरो कथामा नाटक लेख्नेछ । मानव, हामी नगरकोटीलाई भेट्न कहिले जाने ?

by the way,
नगरकोटी काँ बस्छ ?

मानव

नगरकोटी स्मृतिहरूको सङ्ग्रहालयमा बस्छ ।

मायावी

स्मृतिको सङ्ग्रहालय ! अजिब ठाउँमा बस्दो रहेछ ।
यो कफीघाटमा ऊसित भेटघाट गर्न मिल्दैन ?

मानव

मिल्दैन ।

स्मृतिहरूको सङ्ग्रहालयबाट अचेल नगरकोटी बाहिर निस्कन्न । उसलाई भेट्न सङ्ग्रहालयमा नै जानुपर्छ ।

मायावी

त्यसो भए कहिले जाने ?

मानव

चाँडै जाने ।

मायावी

बुझ्यौ मानव ! म ज्यादै उत्साहित भएकी छु ।

नाटक खेल्ने कल्पनाले नै म मस्त-फुलेल भइगएकी छु । मन सिरिङ्ग भएको छ । तन जिरिङ्ग भएको छ ।

सम कलेज अफ ड्रामाटिक्समा ग्रेजुएसन गर्दै गर्दा मैले सपनामै चिताएकी थिइन कि...

मानव

...कि विक्रम संवत् २१७५ सालकी मायावी सयवर्षको PAST मा गएर २०७५ सालमा नाटकमा अभिनय गर्छे ।

मायावी

त्यही त !

म त केबल तिमीसित केही अविष्मरणीय पल/क्षण बिताउन, तिमीलाई गीतको अन्तरा दान गर्न PAST र FUTURE को यो ट्रान्जिटमा आएकी थिएँ ।

मेरो प्यारो मानव !
आज तिमीले मलाई नाटकमा खेलाउने कुरा गन्यौ ।

YOU JUST CAN'T IMAGINE HOW GLORIOUSLY HAPPY AND EUPHORIC I AM! I AM SUPER EXCITED ABOUT THESE INCREDIBLE CHAIN OF EVENTS!!

हातको हतकडी हेर्छे । सिक्री खेलाउँदै खिन्न हुन्छे ।
अवसादपूर्ण भावमा बोल्छे ।

chains!
but these chains!!

यो हतकडीलाई चैं के गर्ने मानव ? यो सिक्रीलाई के गर्ने ? यसबाट कसरी छुटकारा पाउने ? फलामको यो जन्जिर ज्यादै कष्टदायक छ, मानव ! यो बन्धनबाट कसरी मुक्त हुने ?

तिमीसँग यो हतकडी खोल्ने
साँचो-चाबी छैन, मानव !

न त
मसँग नै छ ।

मानव

you're right, मायावी !
हामीसँग हतकडी खोल्ने साँचो-चाबी छैन ।

मायावी

त्यसो भए अब के गर्ने ?

मानव

प्रतीक्षा गर्ने ।

मायावी

कतिन्जेल प्रतीक्षा गर्ने ?

मानव

थाहा छैन मायावी,
कतिन्जेल प्रतीक्षा गर्ने ।

यो प्रतीक्षा,
भोलि/पर्सि टुङ्गिएला
या अन्नतसम्म गइजाला ।

मलाई
केही थाहा छैन मायावी !

यो प्रतीक्षा...

मायावी

प्रतीक्षा चैं कसको गर्ने ?

मानव

जेलरको ।

मायावी

जेलरको ?
कुन जेलरको ?

मानव

त्यो जेलर, जसले हामीलाई अर्थात्,
तिमी स्त्री प्लस म पुरुषलाई काम-वासना प्लस
प्रेम-सम्भोग प्लस भोग-विलासको जन्जिरमा यसरी बाँध्यो ।

फेरि यो जन्जिर
PHYSICAL
नभई
METAPHYSICAL
पनि हुनसक्छ ।

अनि यो हतकडी चैं
SYMBOLIC
एवम्
METAPHORIC
पनि हुनसक्छ ।

यो हतकडी र यो जन्जिर विम्ब एवम् प्रतीक पनि हुनसक्छ,
सम्बन्धको –attachment– आशक्तिको । मोह-मायाको । राग-विरागको ।

जुन दिन काम-वासना, प्रेम-सम्भोग अनि भोग-विलासको दुष्चक्रलाई हाम्रो अर्थात् तिमी स्त्री र म पुरुषको आत्म-शुद्धीकरणले परास्त गर्ला, सम्भवतः त्यही दिन हामी यो हतकडी र यो जन्जिरबाट मुक्त होऔंला ।

मायावी

आत्म-शुद्धीकरण ?

मानव

यस् मायावी !
आत्म-शुद्धीकरण IS THE KEY!
यो हतकडी खोल्ने साँचो-चाबी भनेकै आत्म-शुद्धीकरण हो ।

मायावी

to hell with
आत्म-शुद्धीकरण !

कस्तो तोरीलाउरे, बकम्फुस, झुरपट्यास कुरा गन्या मानव ? यो हतकडी कुनै date expired विम्ब होइन । यो सिक्री, यो जन्जिर कुनै OUTDATED प्रतीक होइन ।

these are
goddamn real!

as real as you!
as REAL as me!

ARMCHAIR PHILOSOPHER ले जस्तो यस्तो METAPHYSICAL कुरा गरेर कतै पुगिँदैन, मानव !

be practical!
be reasonable!
be realistic!

त्यो मान्छेको । खोजतलास गर्नुपर्‍यो । जसले हामीलाई । निदाएको
बेला । हाम्रो हातमा हतकडी लगाएर । साँचो-चाबी लिएर । गायब भयो ।

वेट्रेस आएकी छे । मग-प्लेट लिन ।

वेट्रेस

को गायब भयो, म्याम ?

मानव

जेलर !
जेलर गायब भयो, सेविका ।

वेट्रेस

मलाई लाग्छ,
जेलर गायब भएको छैन ।

ऊ
कफीघाटमा
आएको थियो ।

मानव

कहिले ?
कहिले आएको थियो ?

वेट्रेस

म यो कफीघाटमा
ज्वाइन भएको दिन ।

मायवी

त्यो भनेको कहिले ?

वेट्रेस

१३ दिन पहिले ।
मैले अघि नै तपाईंहरूलाई भनेको होइन ?
१३ दिन अघि म यो कफीघाटमा ज्वाइन भएकी भनेर !

मानव

त्यो त हो सेविका !
तर पहिलेकी तिमी र अहिलेकी तिमी एउटै हौ ?

वेट्रेस

निसन्देह एउटै हुँ ।
किन र ? यो मेरो देहमा तपाईंलाई सन्देह भयो र ?

मानव

नो सन्देह सेविका ।
NO सन्देह AT ALL!

खैर, एनिवेज ।

जेलरबारे तिमी केही भन्दै थियौ ।
ऊ के-कस्तो थियो ?

वेट्रेस

ऊ केही UNUSUAL थियो, सर ।
त्यो मान्छेको हुलिया...

मायावी

एकछिन, एकछिन !

कस्तो UNUSUAL?
What do you mean by UNUSUAL?

वेट्रेस

त्यो मान्छेको पोशाक विचित्रको थियो । यामानको छालाको ह्याट र डिङ्गो सुज लगाएको थियो । घाँटीमा POLKA dotted SCARF बेरेको थियो ।

blue jeans, brown leather WAISTCOAT,
कम्मर पेटीको ठूलो ढ्याके BUCKLE मा त्यो मान्छे कुनै western movie को काउब्वाय जस्तो लाग्थ्यो ।

यो K-town मा त्यस्तो विचित्रको लुगा लगाउने मान्छे काँबाट आइपुग्यो ? म त छक्क परिगएँ । तीनछक्क त म झन् त्यस बेला परिगएँ, जब आफूले खाएको पैसा तिर्दा उसले ५० हजारको सिङ्गो नेपाली नोट देखायो ।

अब भन्नुस्, तपाईंले पचास हजारको नेपाली सिङ्गल नोट देख्नुभा' छ ? ५० हजारको नेपाली नोट देखेर म ट्वाँ परें ।

आखिर त्यही ५० हजारको नोटलाई लिएर हामीबीच गलफती भई त हाल्यो । त्यो मान्छेले एउटा कुराचाहिँ गज्जबको गन्यो ।

त्यसले भन्यो:
जमाना महङ्गिदै छ, मैयाँ ! आफ्नो आत्मालाई SANITIZE होइन...

मायावी

MONETIZE गर ।
आफ्नो आत्मालाई
SANITIZE
होइन,
MONETIZE
गर ।

उसले बोलेको complete sentence यही होइन त ?

वेट्रेस

आश्चर्यचकित हुँदै

हो ।
EXACTLY यही
हो ।

जमाना महङ्गिदै छ ।
आफ्नो आत्मालाई sanitize होइन, monetize गर ।

काउब्वाइको प्रसङ्ग आएदेखि नै शङ्कास्पद हाउभाउ गरेको मानवको *body language*
 UNDECIPHERABLE हुँदै गैरहेको छ । उसको व्यवहार अनि मानसिक मौसममा आंशिक परिवर्तन भइरहेको छ । उसको *mood & temperament* मा आन्तरिक दखल भइरहेको हो कि जस्तो भइरहेको छ ।

मानव

thank you -सेविका- for your kind information!

हातले बाहिर जाने इशारा गर्छ ।

यस विषयमा
हामी विचार गर्नेछौं ।

मायावी

सोचमग्न हुँदै
अन-विचारेबल ।

मुन्टो हल्लाउँदै

extremly अनविचारेवल !

वेट्रेस

सर ! त्यो जेलरले काल पर्यटनबारे केही भन्दै थियो ।
what is कालपर्यटन ?

मानव

none of your business सेविका !

मायावी

अनविचारेवल –extremly– अनविचारेवल !

वेट्रेस

सर ! त्यसले TRANSIT बारे पनि केही भन्दै थियो ।
हामी सब TRANSIT मा फसेका कालपर्यटक हौं भन्दै थियो ।

मानव

वेट्रेसलाई बाहिर लग्दै

TRANZIT मेरो नयाँ नाटकको TITLE हो, सेविका !
nothing more than this!

you can go now!
please don't disturb us!

हामीलाई
केही-बेर
एकान्तमा छाडिदेऊ ।

वालेटबाट पैसा निकाल्छ । वेट्रेसको हातमा थमाइदिन्छ ।

यो पैसा राख । अरू चाहिन्छ भने अरू पनि राख । BUT PLEASE DON'T DISTURB US! प्लिज जाऊ ! मेरो जीवनमा फेरि दखल-अन्दाज गर्न नआऊ ।

वेट्रेस

कन्फ्युज्ड !

दखल-अन्दाज ?

exucuse me!
मैले तपाईंको जीवनमा
कहिले दखल-अन्दाज गरेँ ?

मायावी

sorry, सेविका !

गलत समयमा
मेरो मुखबाट गलत
शब्द उच्चारण हुन गयो ।

दुवै हात जोड्दै

for gods sake, please go now!
I'll settle the matter myself!

वेट्रेसको प्रस्थान
            पश्चात्
       मानवले ढुक्ककको श्वास
            फेरेको छ ।
                 झु
                 के
            र दुवै हात घुँडामा
                 टेको लगाउँदै बाङ्गिएको
                 POSTURE मा मायावीलाई

एक डोज
कोल्टे नजर
फ्याँकेको छ । उसले भुइँमा
            पसारिएको
       लत्रिएको जञ्जिरलाई एकसुरले समेटेर
                 सोहोरेर-
                 सम्हालेर   हातमा
एकत्रित गर्न थाल्छ । समेट्दै-सोहोर्दै-समाल्दै ऊ मायावी भएतर्फ
कदम चाल्न थाल्छ । यहींनेर, ठीक यति बेला पर्दा पनि अकस्मात्
जन्जिरकै यान्त्रिक लयमा क्रमशः सर्न थाल्छ । सर्दै-सर्दै, सर्दै-सर्दै
अन्ततः टिमिक्क बन्द हुन्छ । त्यसपश्चात् मञ्चमा चहलपहल बढ्न
थाल्छ । दर्शकहरूले मञ्चमा केही बदलाव हुँदै गरेको अनुमान गर्नेछन् ।
सामानहरू ओसारपसार गरेको, अनेकन पाइलाहरू सन्याक-सुरुक गरेको
आवाज सुन्नेछन् । यिनै सन्याक-सुरुक र चहलपहलमाझ दर्शकहरूले
मायावी-मानवका रहलपहल संवाद श्रवण गर्नेछन् । यतिन्जेल उनीहरूले
आफ्नो मनमा बसेका प्यारा कलाकारहरूको मौन आवाज र खासखुस
या कानेखुसी मात्र सुन्नेछन् ।

मायावी

अकस्मात् यो पर्दा
कसरी बन्द
भयो ?

अनि मानव,
हामी वरपरका यी
मानवहरू को हुन् ?

यिनीहरू एकाएक
यसरी कहाँबाट
उत्पत्ति
भए ?

यिनीहरूले
यी टेबल, कुर्सीहरू
किन ओसारिरहेका ?

मानव

अलि बिस्तारै बोल, मायावी ! दर्शकहरूले तिम्रो कुरा सुन्लान् ।

मायावी

दर्शक !
को दर्शक ?
कस्तो दर्शक ?

अरू कसैलाई सम्बोधन गर्दै

exuse me,
hello brother!

त्यो कुर्सी त छाडिदिनुस् । म त्यो कुर्सीमा बस्न चाहन्छु ।
कम्तीमा त्यो कात्रो त छाडिदिनुस् ।
त्यहाँ लेखिएको छ:
to hell with
OBITUARY!

त्यसको मतलब थाहा छ तपाईंहरूलाई ?
त्यसको मतलब हो...

मानव

to hell with मतलव मायावी !

please cool down!
दर्शकहरूले तिम्रो आवाज सुनिरा'छन् क्या !

अब यहाँबाट प्रस्थान गर्नुमा नै हाम्रो कल्याण छ । यिनीहरू –background artist– पार्श्व कलाकारहरू हुन्, जो यो कफीघाटलाई DISMANTLE गर्दै छन् ।

यो सेट भत्काइरहेका छन् ।
यो SPACE मा यो ठाउँमा अब अर्को सेट खडा हुनेछ ।

नाटक मञ्चनको सबैभन्दा ठूलो TRAGEDY यही हो, मायावी । बडो दुःख गरेर एउटा सेट तयार पार्‍यो । प्रेम र आत्मीयताले त्यसलाई आकार प्रदान गर्‍यो । SHOW चलुन्जेल त्यसको भरपुर उपयोग गर्‍यो । र, अन्त्यमा भत्काइदियो ।

कफीघाट अब भत्किसकेको छ, मायावी !

अब यो
भग्नावशेषमा
कुनै मलामी आउनेछैनन् ।

अब यो खण्डहरमा
कविता, चित्रकला, सङ्गीत-साहित्य
लगायत तिम्रो –cosmic coincidence– को कुनै चर्चा/परिचर्चा

हुनेछैन ।

तिमी र म नै
यो कफीघाटको,
यो दिवङ्गत कफीघाटको अन्तिम मलामी हौं ।

हिँड,
अब जाऔं ।

मायावी

कता जाऔं ?

मानव

कता जाऔं त !
बरू तिमी नै भन !
तिमीलाई कता जाने मन छ ?

मायावी

मलाई
स्मृतिको सङ्ग्रहालय
जाने मन छ ।

पर्दा लागेकै छ । मायावी र मानवको

संवाद

विलीन भएको छ । मौनता छाएको छ ।
बेला-कुबेला बज्ने VIOLIN,

GUITAR,

MOUTH-ORGAN बाजाको पार्श्व धुन पनि मृत
प्रायः भइगएको छ । त्यसको ठाउँ तानपुराको शोक-सङ्गीतले लिन
थालेको छ । मखमलको

बाक्लो पर्दा अब पुनः सर्न थालेको छ । सर्दै-सर्दै

सर्दै-सर्दै

मञ्चको दुई कुनामा थान्को लागेको छ । दृश्य

-नयाँ दृश्य- छ्याङ्ग उघ्रिएको छ ।
दर्शकहरूको चञ्चल-उत्सुक नजर स्मृतिको सङ्ग्रहालयमा परेको छ ।

सङ्ग्रहालय

सङ्ग्रहालय

वस्तुतः कवाडीखानातुल्य छ ।

भुइँमा यत्र-तत्र-सर्वत्र म्याद गुज्रिएका सर-समानहरू छरपस्टिएका छन् । क्यालेन्डरका चाङ, साइकलका पाङ्ग्रा, किताबहरू राखिएका कार्टन-बक्स, अनेक थोत्रा लालटिनहरू, एक विशाल जीर्ण सोफा अनि टुटेफुटेका बेतका कुर्सी ।

बितिसकेको एनालग समयलाई प्रतिविम्बित गर्ने प्राचीनझैं लाग्ने सामग्रीहरू सङ्ग्रहालयका कुनाकाप्चातिर वेवास्तापूर्वक मिल्काइएका छन् । TYPEWRITER लगायत

> – WALKMAN,
>
> – भिसिआर डेक र चक्काहरू,
>
> – टेपरिकर्डर र फिल्म क्याट्रिजहरू,
>
> – निगेटिभसितै

गुजमुज्जिएका क्यासेट-चक्काका रिलहरू माकुराको जालोझैं फैलिएका, तुर्लुङ्ग झुन्डिएका, कुनाकाप्चामा थुप्रिएका र कचमचिएर गुजुल्टिएका !

भुइँमा

चार-पाँचोटा भित्तेघडी छन् ।

तीन-चारोटा फर्ग्लेट-गमला छन् ।

दुई-तीनोटा सुकेर नाङ्झैझार भएका बुके छन् ।

त्यतैकतै

बालुवाको ढिस्को छ ।

बालुवाको ढिस्कोमा तानपुरा भास्सिएको छ । त्यही तानपुराको विदीर्ण शोक-सङ्गीत परिवेशमा निरन्तर गुन्जिरहेको छ ।

जीर्ण सोफामा मायावी लम्पसार परी निदाएकी छे । बगलको जीर्ण कुर्सीमा मानव बसेको छ । दुवैको हातमा हतकडी र सिक्री ज्युँ-का-त्युँ छँदै छन् ।

मानव एकनासले मायावीको निद्रालु मुहार हेरिरहेको छ । उसका औँलाहरूले मायावीको केश केलाइरहेका/खेलाइरहेका छन् ।

सङ्ग्रहालयमा जेलरको प्रवेश भएको छ ।

ऊ सङ्ग्रहालयको INTERIOR लाई

        curiously/meticulously अवलोकन गरिरहेको छ ।

जीर्ण

सामग्रीहरूको मुआयना

लिइरहेको छ । यी सबबाट बेखबर

        मानव एकसुरले काल्पनिक सिग्रेट

पिइरहेको छ । काल्पनिक धुवाँ उडाइरहेको छ । ऊ भुइँमा लत्रिएर पसारिएको मायावीको केश खेलाइरहेको/केलाइरहेको छ ।

        आदि/इत्यादि

मानव

एकालापिदै-लवलीन-मुद्रामा

तिमी
यसरी निदाएकी छ्यौ
यस्तो लाग्छ
आफ्नो विपनासित निकै रिसाएकी छ्यौ !

तिमी
दार्शनिकको
पवित्र दर्शनजस्तो !

तिमी
कुनै महर्षिको
सूत्रमय व्याख्यानजस्तो !

तिमी
कुनै स्वप्नदर्शीको
स्वैरकाल्पनिक आख्यानजस्तो !

तिमी
सपनाको एक कविता
तिमी नै विपनाको भव्य भविता !

तिमी
तान्त्रिकको
कुनै श्रापित तन्त्रजस्तो !

तिमी
कुनै साधुले
बतासमा छरेर बिर्सेको मन्त्रजस्तो !

तिमी जाग्दा म निद्रामा थिएँ
तिमी निद्रामा हुँदा
म जागेको
छु !

समयसित आज हेर
तिम्रो हात
मागेको
छु !

जेलर

हात त माग्नुभयो, मानवजी !
तर मलाई लाग्दै छ, समयले तपाईंलाई चैं लात मार्ने निर्णय गरेको छ ।

जेलरलाई देखेर मानव ट्वाँ परेको छ ।

निजलाई
उसले सन्देहको भावले हेरेको छ ।

mr. manav!
sorry for this disturbance!

तपाईंको एकान्तमा यसरी लाजसरम विना TRESPASS गरें । त्यसका
निम्ति मलाई third degree को ग्लानि/अफसोस छ । माफी चाहन्छु ।

i'm extremely sorry
for this interruption!
but,
let me introduce myself!

म जेलर हुँ ।

अब कुन चैं जेलको जेलर हुँ, कुराकानीको क्रममा तपाईंले क्रमशः थाहा
पाउँदै जानु हुनेछ ।

frankly speaking/infact
तपाईंहरूलाई हतकडीमा
बाँधेको मैले
नै हो ।

तर, धन्दा नमान्नुस् ।

अहिले
म तपाईंहरूलाई
एकापसबाट मुक्त गर्न आएको छु ।

खल्तीबाट साँचो निकाल्छ ।
                              मानवको
                    हातबाट हतकडी खोलिदिन्छ । उक्त हतकडी
                    आफ्नो हातमा लगाउँछ । मायावीलाई
                              curiously/meticulously
हेरी पठाउँछ । अनि बडो लाडे पल्टिँदै बोल्छ ।

come on baby, wake up!

your JAILOR has come to take you BACK HOME!
यो TRANSIT मा तिम्रो समय अब समाप्त भएको छ ।

मानव

प्लिज, बिस्तारै बोल्नुस् !
मायावी गहिरो निद्रामा छ ।

जेलर

गहिरो ?
कति गहिरो ?

निद्रा गहिरो ?
कि तपाईंको प्रेम गहिरो ?

प्रेम गहिरो
कि तपाईं आशक्ति गहिरो ?

के गहिरो ? कति गहिरो ? किन गहिरो ? कसरी गहिरो ?

जे होस् !
आफ्नो अशोभनीय
व्यवहारप्रति क्षमाप्रार्थी छु, मानवजी !

LET ME COME
STRAIGHT TO THE POINT!

यो TRANSIT मा
म मेरो भगौडा कैदीलाई
ARREST गर्न आएको छु ।

I HAVE COME
TO ARREST THIS SLEEPING BEAUTY !

मानव

अप्रत्याशित लवजमा

from the future?

जेलर

oh, yes!

from the future!

वास्तविक कुरा वास्तवमा यस्तो हो मानव शास्त्रीजी...

मानव

मानवशास्त्री होइन, मानव शास्त्री भन्नुस् ।

मानव र शास्त्री बीच थोरै PAUSE लिनुस् । मानव भन्नुस्, केही क्षण –FRACTION OF SECOND– विश्राम लिनुस् । त्यसपछि शास्त्री भन्नुस् ।

जेलर

भन्दिनँ ।

किन भन्ने ?

'शास्त्री' त अब मरिगए नभन्ने ।

अब मेरो कुरा सुन्नुस् । कुरा के हो भन्देखिनुः जुन दिन मायावी तपाईंको स्टुडियोमा देखा परेकी थिई, त्यही दिन म पनि प्रकट भएको थिएँ ।

मानव

मैले त तपाईंलाई देखिनँ ।

जेलर

तपाईंले देख्न 'चाहनु' भएन ।

त्यो दिन र त्यो दिनपछि तपाईंले मायावीलाई मात्र देख्न 'चाहनु' भयो । र, जे देख्न 'चाहनु' भयो, त्यही देख्नुभयो ।

सम्झनुस् त त्यो रात ! मायावीको रूपप्रति तपाई कसरी मुग्ध भई
जानुभएको थियो । अन्ताक्षरीको खेलपछि तपाईहरू सम्भोगमा लिप्त
हुनुभयो । त्यसपछि एकाकार्काको आलिङ्गनमा मस्त निदाउनुभयो ।

केही झुकेर मायावीको निद्रालु मुहार हेरी बस्छ ।

त्यो रात पनि मायावी यसै गरी निश्चिन्त निदाएकी थिई । त्यही रात
म उसलाई पक्राउ गरी विक्रम संवत् एक्काईस सय पचहत्तर सालमा
लैजान सक्थें ।

तर उसको निद्रालु र निर्दोष अनुहार देखेर म स्तब्ध भएँ । उसको
दुःखदायी जीवनप्रति दयामाया, सहानुभूति इत्यादि मेरो मनमा जाग्यो ।

उसलाई पक्राउ गर्नु मेरो एकमात्र कर्तव्य थियो तर तपाईहरूलाई प्रेमिल
आलिङ्गनमा बाँधिएको देखेर मैले कर्तव्यच्यूत हुने निर्णय गरें ।

मेरो पालो
तपाईहरूलाई हतकडी
लगाइदिएँ ।

यो टाइम TRANSIT मा मायावीले तपाईसित केही अविस्मरणीय क्षणहरू
बिताओस् भन्ने ठानें । पीडा, शोक र ग्लानिले भरिएको उसको मनमा
प्रेमको सुन्दर स्मृति बास बसोस् भन्ने ठानें ।

मानव
तपाईको
नाम चैं के हो ?

तपाईंलाई कुन नामले
सम्बोधन गर्दा हुन्छ ?

जेलर

जुन नामले
सम्बोधन गर्दा पनि हुन्छ ।

मलाई केही
फरक पर्दैन ।

मानव

सोचमग्न मुद्रामा

कालमोचन
नाम कस्तो हुन्छ ?

जेलर

दामी हुन्छ ।

म जस्तो
कालयात्रीलाई
कालमोचन नाम सुहाउँछ ।

मानव

त्यसो भए तपाईंलाई कालमोचन भन्दा हुन्छ ?

जेलर

जरुर हुन्छ ।

मानव

काल्पनिक सिग्रेट पिउँछ/धुवाँ उडाउँछ ।

अँ त, कालमोचनजी !
हेर्नुस्, खासमा कुरा यस्तो हो ।

मायावीलाई यो TIME ZONE को ट्रान्जिट अत्यन्त मन परेको छ ।
अनि मलाई मायावी अत्यन्त मन परेकी छे ।

तर अफसोसको कुरा !
तपाईं आज
मायावीलाई
ARREST गर्न आउनुभएको छ ।

उसको अपराध के हो, मलाई थाहा छैन । त्यसबारे मलाई जान्नु
पनि छैन । उसले गरेको अपराधसित मेरो रत्तिभर सरोकार छैन, कुनै
लेनदन छैन ।

तपाईंको निम्ति मायावी
criminal–अभियुक्त हुन सक्छे ।

तर,
मेरो निम्ति त ऊ...

शब्द सङ्कटमा पर्छ । कालमोचनको मुख ताक्छ ।

जेलर

के उसले
तपाईंसित कुनै
लाशको विषयमा कुरा गरेकी थिई ?

मानव

गरेकी थिई ।

जेलर

कस्तो खालको कुरा गरेकी थिई ?

मानव

मायावीले
'बेडरूममा लाश छ'
भनेकी
थिई ।

जेलर

बेडरूमबाहेक उसले गोदामको कुरा पनि झिकेकी हुनुपर्छ ।
am i right?

मानव

गोदाम । हो त !

मायावीले
'गोदाममा पनि लाश छ'
भनेकी
थिई ।

जेलर

मानवजी त्यो लाश कसको थियो ? जान्न/बुझ्न चाहनुहुन्न ?

मानव

म केही पनि जान्न/बुझ्न चाहन्नँ ।
मायावीको अपराध र लाशबारे
अब एक शब्द पनि म
सुन्न चाहन्नँ ।

you can

go now!

जेलर

how can i go without

taking MAYAVI

back to the future?

she is my

PRISONER, you see!

म

जेलर हुँ ।

प्राइभेट जेल चलाउँछु ।

मानव

प्राइभेट जेल ?

जेलर

हो ।

प्राइभेट जेल ।

किन अचम्म मानेको ?

everything is PRIVATE in the future!

जेलमात्र किन ?

हाम्रो TIME ZONE मा

even the COUNTRIES are private institutions!

राज्य र सरकार !

they're also private organizations!

जेहोस् ।

म जेलर हुँ । प्राइभेट जेल सञ्चालन गर्छु । मायावी मेरो जेलकी कैदी हो । मेरो जेलमा सजाय काटिरहेकी युवती हो ।

मेरो जेलमा ल्याउँदा ऊ अरू कैदीझैँ सामान्य थिई । तर रहँदा-बस्दा, उसको रेखदेख गर्दा मलाई ऊ असामान्य लाग्न थाली ।

उसको पार्श्व-जीवन –background life– को अध्ययन गर्दै जाँदा मैले के जानकारी पाएँ भने मायावी अभिनयकी अद्भूत नायिका थिई, जसले अन्जानमा -भूलवश- एउटा मान्छेको हत्या गर्न पुगेकी थिई ।

मानव

ok, ok! i got it!
तर यी सब कुराहरू मलाई किन सुनाइरहनु भा'छ ?

जेलर

किनभने,
तपाईंले सुन्नुपर्छ ।

मानव

किन सुन्नुपर्छ ?

जेलर

किनभने यी सारा-का-सारा EPISODE मा तपाईं जोडिइनु भा'छ ।

so, you have
to LISTEN!
let me finish!

प्रत्येक सप्ताहन्त म मायावीलाई HYPNO-therapist कहाँ लिएर जाने गर्थें ।

मानव

एक छिन-एक छिन !
हिप्नोथेरापिस्ट ?

जेलर

मायावीको
आत्माको उपचारका लागि ।

मायावीलाई HYPNO-therapist कहाँ लैजाने-ल्याउने क्रममा म ऊसित नजिकिँदै गएँ । अनि एकदिन उसले तपाईंको कुरा गरी ।

मानव

मेरो कुरा ?
मायावीले मेरो कुरा गरेकी थिई ?

जेलर

ज्यू, हजूर !

मायावीले
तपाईंको कुरा गरेकी थिई ।

मायावी ‘सम कलेज अफ ड्रामाटिक्स’बाट ग्रेजुयट गरेकी TRAINED ACTOR थिई । तपाईं र तपाईंका कामहरूबारे उसले इतिहासका TEXT BOOK हरूमा पढेकी थिई ।

उसको
एकमात्र इच्छा
तपाईंलाई भेट्नु थियो ।

उसलाई तपाईंसित केही अविस्मरणीय पल-क्षण बिताउनु थियो किनभने उसको निम्ति तपाईं एक IDEAL theatre DIRECTOR हुनुहुन्थ्यो ।

मानव

मायावीले त मलाई
बालकृष्ण समसित आशीर्वाद लिन
विक्रम संवत् २००७ सालमा गएकी थिएँ पनि भनेकी थिई ।

जेलर

सही
भनेकी थिई ।

नाट्यसम्राट्सित भेटेको, त्यसपछि
उहाँबाट आशीर्वाद लिएको
कुरा एकदम सही हो ।

काल पर्यटनका निम्ति मैले नै मायावीको VISA बनाउन सहयोग गरेको पनि सही हो । उसलाई मैले आफ्नै जेलबाट भगाएको पनि उत्तिकै सही हो ।

विक्रम संवत् एक्काईस सय पचहत्तर सालबाट TIME TRAVEL गरी तपाईंको समयमा आउन मैले नै मायावीको मनमा प्रेरणा र उत्साह भरेको हुँ ।

यस्तो RISK,
यस्तो दुःस्साहस
गरेको हुँ ।

मानव

एउटा
कैदीका खातिर
यस्तो RISK? यस्तो दुस्साहस ?

किन ?

जेलर

किनभने,
म मायावीलाई
मन पराउँछु । प्रेम गर्छु ।

मायावी चलमलाउँछे । निद्राबाट ब्युझँन्छे ।
आङ तन्काउँदै सोफामा
ढली-ढली हातको हतकडी हेर्छे । उसको
हतकडी जेलरको हतकडीमा जोडिएको छ । जेलरलाई देखेर ऊ
अर्ध-विस्मित,
अर्ध-चकित पर्छे ।

मायावी

अरे वाह !
जेलरज्यू, तपाईं यहाँ ?

यो TRANSIT मा
तपाईंलाई हार्दिक स्वागत छ ।

यो सङ्ग्रहालयमा
म यसरी मस्तसँग निदाएको बेला
तपाईं आउनुहोला भन्ने मैले एक मनले चिताएको थिइनँ ।

मानवको ध्यानाकर्षित गर्दै

मानव !
meet the jailer!
my PRIVATE jailer!

उहाँ मलाई
मन पराउनुहुन्छ ।
मलाई अत्यन्त प्रेम गर्नुहुन्छ ।

मानव

अनि तिमी ?
तिमी चैं प्रेम गर्दिनौ ?

मायावी

प्रेम भनेको
एकतर्फी नै राम्रो हो, मानव !

किनभने,
दुई-तर्फी प्रेम क्षणभङ्गुर हुन्छ ।
एक-तर्फी प्रेम ETERNAL-अनन्त हुन्छ ।

दुईतर्फी प्रेम
विवाहपश्चात् कपुर
बिलाएसरी बिलाई जान्छ ।

एकतर्फी प्रेम
तिम्रो बुढ्यौलीसम्म
अझ भनूँ तिम्रो मृत्युसम्म
मीठो स्मृति बनी मनमा बसिरहन्छ ।

जेहोस्,
उहाँ मेरो जेलर !

मलाई लिन आउनुभा' छ ।

मानव

र, तिमी
उहाँसँग जान चाहन्छौ ?
BACK TO THE FUTURE!

मायावी

हो, मानव !
BACK TO THE FUTURE!

there is
no another way around!

मानव

अब हाम्रो –TRANZIT– को के हुन्छ ?
त्यसबारे सोच मायावी ।

मायावी

माफ गर, मानव ।
मैले तिमीलाई यो TRANSIT मै छाडेर जानु पर्नेछ ।

TRANSIT मा
अपरिचित प्रेमीहरू
भेटिइन्छन् र छुटिइन्छन् ।

म
आएँ
यो TRANSIT मा
तिमीलाई
भेटें
र
अब
यो TRANSIT बाट
गइजान्छु ।

मानव

म यो TIME ZONE वाला TRANSIT को कुरा गरिरा होइन, मायावी ।

म तिमीसँग
त्यो TRANZIT बारे कुरा
गर्दै छु, जसको म निर्देशन गर्दै छु ।

नाटक, मायावी, नाटक !
जसमा तिमी अभिनय…

मायावी

sorry to say मानव !
यो TRANSIT मा म तिम्रो नाटक खेल्न आएकी थिइनँ ।

मानव

oh, yes!
तिमी त मेरो
मनसित खेल्न पो आएकी थियौ ।

जेलर

कसले
कसको मनसित खेल्यो
यो त तपसिलको कुरा हो ।

कसले
कसको मनसित खेल्दै छ

यो पनि
तपसिलकै कुरा हो ।

sorry for
the DISTURBANCE, guys!

मायावी मलाई लाग्छ,
अब यहाँबाट जानुमा नै हामी सबैको निम्ति कल्याण हुन्छ ।

मायावी

मानव,
मेरो कुरा सुन ।

मानव

अझै
सुन्न बाँकी छ ?

जेलर

हेर्नुस्, मानवजी !

मायावी तपाईंकी प्रेमिका ! त्यसो त मेरी पनि प्रेमिका !
फरक के मात्र हो भने तपाईंको निम्ति ऊ वर्तमानकी प्रेमिका ।
मेरो निम्ति मायावी भविष्यकी प्रेमिका ।

प्रेमिकाले
मेरो कुरा सुन भनेकी छे ।

प्रेमिकाको कुरा सुन्नु
प्रेमीको एकमात्र प्रेमिल धर्म हो ।

प्रेमिकाको कुरा नसुन्ने प्रेमी असत्ति र अधर्मी हो ।

प्रेमी चाहे
वर्तमानकालको होस्
या भूतकालको होस्
या भविष्यकालको होस् !

कुनै पनि कालमा प्रेमिकाको कुरा सुन्नु हरेक प्रेमीको एकमात्र प्रेमिल धर्म हो । प्रेमिकाको कुरा नसुन्ने प्रेमी अघि नै भनिसकेँ असत्ती र अधर्मी हो ।

त्यसैले...

मायावी

मानव ! म विक्रम संवत् २०७५ को –PRISONER– कैदी हुँ । तिमी ठण्डा दिमागले सोच । एक सय वर्ष पहिले मञ्चन हुने नाटकमा म कसरी अभिनय गर्न सक्छु ?

म यहाँ यो TRANSIT मा नाटक खेल्न आएकी नै होइन ।

म तिमीलाई
सत्य कुरा भन्छु । तिमीले
सत्य कुरा बुझ्न अति आवश्यक छ ।

र,

सत्य
कुरा यस्तो हो ।

एकदिन मेरो हातबाट भूलवश एउटा मान्छेको हत्या भयो ।

मर्नुअघि त्यो मान्छेले तिम्रो नाम लिएको थियो । उसले भनेको थियो, "मायावी तिमीले आज एउटा निर्दोष मान्छेको हत्या गरेर जघन्य पाप गऱ्यौ । यो पापबाट मुक्त हुने एउटै उपाय छ । TIME TRAVEL गरी तिमी विक्रम संवत् २०७५ सालमा जाऊ । त्यहाँ मानव शास्त्रीलाई भेट, जो तिम्रो मनप्रिय theatre director हो ।"

मानव

interesting,
quite interesting!

त्यो मान्छे चैं
वास्तवमा को थियो ?

मायावी

एक काल पर्यटक थियो ।
हाम्रो समय अर्थात्

२१७५ सालको लोकप्रिय कवि थियो ।

ऊ
इतिहासका
विभिन्न कालखण्डमा
भ्रमण गर्थ्यो र इतिहासका
श्रोताहरूलाई गीत/कविता सुनाउँथ्यो ।

तिमी बसोबास गर्ने
इतिहासको यो ट्रान्जिटमा
पनि ऊ एकपटक आएको रहेछ ।

तिम्रो जन्मदिनमा
तिमीलाई भेटेको रहेछ ।

उसले तिमीलाई एउटा गीतको मुखडा सुनाएको रहेछ । तिमीले गीतका अन्तराहरूबारे जिज्ञासा राख्दा उसले तिमीलाई भनेको रहेछ…

मानव

"तपाईंको जीवनमा एकदिन एउटी रहस्यमय युवतीको आगमन हुनेछ । उसैले तपाईंलाई यो गीतका अन्तराहरू दान गर्नेछ ।"

मायावी

त्यो मान्छेले
मर्नुअघि मसँग भनेको थियो,
"गीतका अन्तराहरू मानवशास्त्रीलाई
दिनू अनि तिमी आफ्नो पापबाट मुक्त हुनू ।"

जेलर

यो के भन्दै छौ, मायावी ? यस विषय-प्रसङ्गमा त तिमीले मसँग कहिल्यै कुरा गरेकी थिइनौ । तिमी कस्तो गीतको अन्तराबारे कुरा गरिरहेकी छौ ?

मायावी

dead man ले
मलाई
सुनाएका गीतका
अन्तराहरू !

जेलरज्यू, तपाईं पनि मलाई माफ गर्नुस् !

dead man लोकप्रिय कवि थियो । त्यस्तो कोमल हृदयको कविलाई मैले भुलवश मार्न पुगेँ । उसको लाशलाई बेडरुममा लुकाएर राखेँ । म विचलित थिएँ । मेरो आत्मा नष्ट-भ्रष्ट भएको थियो । लोकप्रिय कविको लाशलाई एकदिन बेडरुमबाट घिसार्दै लगेर गोदाममा थान्को लगाइदिएँ ।

म
गोदाम मै थिएँ ।
गोदामबाटै
मलाई
प्राइभेट प्रहरीहरूले
ARREST गरेका थिए ।

प्रिय मानव !
म पापमुक्त हुन चाहन्थेँ ।

आत्माको उपचारका निम्ति हरेक सप्ताहन्तमा म जेलरसँग HYPNO-therapist कहाँ जान्थेँ । तर हिप्नो थेरापिस्टले जति नै उपचार गरे पनि मेरो आत्मामा लागेको दाग मेटिएन ।

जेलर

त्यसपछि 'काल पर्यटन मन्त्रालय'बाट मैले तिम्रो TIME TRVELLING को अनुमति लिएँ । तिमीलाई 'काल पर्यटन भिसा' उपलब्ध गराइदिएँ ।

मायावी

प्यारो मानव !
त्यसपछि एक साँझ
म तिम्रो स्टुडियोमा दाखिला भएँ ।

तिमीलाई गीतको
एउटा अन्तरा दान गरेँ ।

पापबाट
अर्धमुक्त भएँ ।

अब तिमीलाई
बाँकी अन्तरा दान गर्छु ।

पापबाट
पूर्णमुक्त हुन्छु ।

मेरो प्यारो मानव !
म जुन अन्तरा तिमीलाई दान गर्न जाँदै छु, त्यो अन्तरा त्यो कविले
आफ्नो प्राण जानुअघि घिटिक-घिटिक गर्दै मलाई सुनाएको थियो ।

मानव !
तिमी गीतको मुखडा उठाऊ ।
त्यसलाई म अन्तराले भर्छु ।

मानव

… …

कहिलेकाहीँ घरमा हुन्छु
कहिलेकाही एकान्त बगरमा

आफ्नै लाश रुँगी बस्छु
मनको सुनसान खण्डहरमा

मायावीले आँखा चिम्लिएकी छे । देहमा कमनीय लय-लचकतासितै
भावविह्वल आवाजमा अन्तरा गुनगुनाउन थालेकी छे ।

मायावी

...   ...

मनसुनको जूनलाई
आज प्रेमको शोक परेजस्तो छ

गल्लीको पुछारमा बस्ने
उसको प्रेमी मरेजस्तो छ

बाउली लाग्छ मलाई
सधैं रातको अन्तिम प्रहरमा

आफ्नै लाश रुँगी बस्छु
मनको सुनसान खण्डहरमा

मायावी र मानव

कहिलेकाहीँ घरमा हुन्छु ।
कहिलेकाहीँ एकान्त बगरमा ।

आफनै लाश रुँगी बस्छु ।
मनको सुनसान खण्डहरमा ।

all of a sudden-मञ्चमा
           BLACK OUT
           भएको छ । अकस्मात्
           यत्र-तत्र-सर्वत्र अन्धकार
           छाएको छ । एक पित्को
                 उज्यालो कतैबाट चुहिएको
छैन । यो अन्धकार मानवको मन हो शायद
                 जहाँ कुनै दिन मायावी

लालटिनमा केही थोपा उज्यालो लिएर प्रवेश

गरेकी थिई । अब त

लालटिन छैन ।

एक बुँद

उज्यालो पनि बचेखुचेको छैन । यो परित्यक्त

TRANSIT मा कहीं कतै

केही र कोही

बचेको

छ

भने

फगत मानव र उसको अनन्त

एकान्त बचेको छ । यो गहन अन्धकारको

PIN-drop-SILENCE मा उसैको एकान्त,

गीतको अन्तरा बनी गुन्जिरहेको छ ।

निरन्तर गुन्जिरहेको छ ।

मानवको भ्वाइस ओभर

कहिलेकाहीँ घरमा हुन्छु ।
कहिलेकाहीँ एकान्त बगरमा

आफ्नै लाश रुँगी बस्छु
मनको सुनसान खण्डहरमा

तिम्रो प्रतीक्षा गर्नु गरैं
ब्रह्माण्डदेखि ब्रह्मनालसम्म

बाँच्छु कि जस्तो लाग्छ
अझै पनि अर्को सालसम्म

कात्रो खोज्दै हिंड्ने
मलामी बनें यो बिरानो शहरमा

आफ्नो लाश रुँगी बस्छु
मनको सुनसान खण्डहरमा

॥ अन्त्य ॥

|| बाँकी अन्त्य ||

नाटकको

अन्त्य

भैसकेको छ ।

यो

बाँकी अन्त्य

हो ।

॥ बाँकी अन्त्यलाई मञ्चन गर्ने

मञ्चन नगर्ने

सम्पूर्ण निर्णय नाटक निर्देशकको

mood & temperment मा निहित हुनेछ ॥

READ THE FOLLOWING PAGES

AT YOUR OWN RISK!

- मञ्चको मध्य भागमा चारवटा SPOTLIGHT छन् । अर्ध वर्तुलाकारमा । जसको रङ संयोजन शुभ्र-श्वेत छ ।

- SPOTLIGHT मा ४ जना अभिनेत्री छन् । अर्थात् कलाकारा । जसले नाटकमा मायावीको चरित्रलाई विभिन्न दृश्याङ्कनमा आत्मसाथ गरेका थिए । अभिनय गरेका थिए । उनीहरूले क्याजुअल वस्त्र पहिरेका छन् ।

- मञ्चको अग्रभागमा, एक कुनामा अर्को SPOTLIGHT छ, जसको रङ संयोजन dark blue छ । जहाँ मानव शास्त्रीलाई DEPOSIT गरिएको छ, ह्विलचेयरमा । निजले आँखा चिम्लेको छ । टाउको घाँटीमुनि लत्रिएको छ । निजलाई HYPNO-state मा पुन्याइएको छ ।

- मञ्चको अग्रभागको अर्को कुनामा अर्को SPOTLIGHT छ । जसको रङ संयोजन आंशिक श्वेत वर्णको छ । जहाँ HPNO-therapist उभिएको छ । जसले नाटकमा जेलरको भूमिका निर्वाह गरेको थियो ।

हिप्नो-थेरापिस्ट

सर्वप्रथम, तपाईंहरू सबैलाई मेरो नमस्कार ! मेरो निमन्त्रणा स्वीकारेर
यहाँ पाल्नु भएकोमा तपाईंहरू सबैप्रति म हार्दिक आभार प्रकट गर्छु ।

first of all,
let me introduce myself!

म
HYPNO-therapist
हुँ ।

केही कालदेखि म
मानव शास्त्रीको उपचारमा संलग्न छु ।

अभिनेत्रीहरू उर्फ कलाकाराहरू एकआपसमा *मुखामुख गर्छन् ।*

मानव शास्त्रीको अवस्थाबारे तपाईंहरूलाई केही जानकारी दिऊँ र
तपाईंहरूबाट पनि उहाँबारे केही जानकारी लिऊँ भन्ने उद्देश्यले मैले यो
भेटघाटको आयोजना गरेको हुँ ।

मानव शास्त्री
सफल नाटक निर्देशक हुनुहुन्थ्यो ।

i mean
हुनुहुन्छ | since he is not DEAD yet!

he is
still ALIVE!

उहाँले कुनै समय एउटा नाटक निर्देशन गर्नुभएको थियो ।
जसको नाम थियोः **लिपस्टिक, सिग्रेट र अन्य एकान्त ।**
सबै कलाकाराहरूले मुन्टो
हल्लाएर समर्थन गर्छन् ।

त्यो नाटक -लिपस्टिक, सिग्रेट र अन्य एकान्त- को छुट्टाछुट्टै मञ्चनमा
तपाईं चारजना अभिनेत्रीले LEAD ROLE मा अभिनय गर्नुभएको थियो ।

am i
right?

सेप्टेम्बरा

you are
absolutely right!

डिसेम्बरा

'लिपस्टिक, सिग्रेट र अन्य एकान्त'को
तेस्रो वर्षको मञ्चनमा मैले
अभिनय गर्ने मौका
पाएकी थिएँ ।

हिप्नो-थेरापिस्ट

मानवजी आफूलाई
एक अभिषप्त प्रेमी ठान्नुहुन्छ ।

किनभने
उहाँलाई लाग्छ
तपाईंहरू उहाँको प्रेमिका हुनुहुन्थ्यो ।

'लिपस्टिक, सिग्रेट र अन्य एकान्त' नाटकको
अन्तिम SHOW भएको भोलिपल्ट
तपाईंहरू सबैको पालैपालो
मृत्यु भएको
थियो ।

अक्टोबरा

what nonsense!
this is a complete bullshit!

डिसेम्बरा

हामी त ज्युँदै छौं । अझैं पनि अनेक नाटकमा अभिनय गरिरहेका छौं ।
नाटकहरूभित्र हामी अवश्य पनि पटक-पटक मरेका छौं । तर नाटकहरू
बाहिर त हामी -इः हेर्नुस्- ज्युँदै छौं ।

सेप्टेम्बरा

मेरो CONCERN चाहिँ
something different छ ।

my concern is: how can he say that we are his प्रेमिकाज् !
atleast iam not his प्रेमिका ।

अरूको बारे
चाहिँ म भन्न सक्तिनँ ।

हिप्नो-थेरापिस्ट

अक्टोबराजी,
तपाईं चैं के भन्नुहुन्छ ?

अक्टोबरा

यत्ति भन्छुः मानवजी
एक असल निर्देशक हुनुहुन्थ्यो ।

मतलब, 'हुनुहुन्छ' ।

उहाँलाई आज यस्तो दयनीय अवस्थामा देख्नु पर्दा मलाई अत्यन्त दुःख
लागेको छ ।

मानवजी वास्तवमा
एक असल मानव हुनुहुन्थ्यो ।

मतलब, 'हुनुहुन्छ' ।

हिप्नो-थेरापिस्ट

खैर,
एनिवेज !

INFACT विगत केही कालदेखि म मानवजीको TREATMENT गरिरहेको छु । HYPNO-processing मार्फत् म उहाँको अवचेतन मनसित सम्पर्क गरिरहेको छु ।

मेरो RESEARCH ले के भन्छ भने, तपाईंहरू उहाँको सुषुप्त सोचमा ज्यादै गम्भीर रूपले ENGRAVED भइजानु भएको छ ।

वास्तवमा
तपाईंहरू चारजनाको
सामूहिक PERSONAS लाई उहाँले
एउटी काल्पनिक युवतीभित्र assemble गर्नुभएको छ ।

तपाईंहरूको
पर्सोनाजलाई उहाँले
एउटा नाम दिनु भएको छः मायावी ।

मायावी,
अर्थात् ELUSIVE!
मायावी,
अर्थात् DECEPTIVE!

मायावी,
अर्थात् इन्द्रजालिक !

INFACT तपाईंहरूलाई लिएर मानवजीले FALSE MEMORY क्रिएट गर्नुभएको छ ।

मानवजी
काल्पनिक यथार्थमा
बाँचिरहनुभएको छ ।

सेप्टेम्बरा

मायावी !
काल्पनिक यथार्थ !
FALSE MEMORY!

म केही पनि बुझ्न सकिरा' छैन । मायावी यदि उहाँको काल्पनिक यथार्थ हो भने त्यसको हामीहरूसित के-को सम्बन्ध ?

हिप्नो-थेरापिस्ट

let me
make you clear!

मानवजी कस्तो काल्पनिक यथार्थमा बाँचिरहनुभएको छ भने, एक साँझ एउटी युवती उहाँको STUDIO मा देखा परी ।

युवतीले
आफ्नो नाम
'मायावी' भनेर बताई ।

उसले के पनि बताई भने ऊ एक कालपर्यटक हो, जो TIME TRAVELLING गरेर विक्रम संवत् २१७५ सालबाट २०७५ सालमा आएकी हो ।

जसले २००७ सालमा गएर नाट्यसम्राट्
बालकृष्ण समलाई पनि
भेटेकी थिई ।

वर्तमान अर्थात्
२०७५ साललाई ऊ वर्तमान र भूतकालको
TRANSIT
भन्छे ।

मायावीलाई यो TRANSIT मा मानवसित केही अविस्मरणीय पल-क्षण
बिताउनु छ । मानवलाई गीतका अन्तराहरू दान गर्नु छ ।

नोभेम्बरा

गीतका
अन्तराहरू ?

हिप्नो-थेरापिस्ट

yes!
गीतका
अन्तराहरू ।

वास्तवमा गीतका अन्तराहरू मानवलाई सुम्पिन ऊ TIME TRAVEL
गरी TRANSIT मा आएकी हो ।

अनि
अन्त्यमा अन्तराहरू
मानवलाई दान गरीवरी ऊ
जेलरसित भविष्यकालतिर अलप भएकी हो ।

डिसेम्बरा

जेलरसितै
अलप भई रे !

जेलर पनि
भविष्यबाटै आएको ?

को जेलर ? कस्तो जेलर ?

हिप्नो-थेरापिस्ट

मायावीलाई ARREST गर्न आएको मान्छे, जसको नाम कालमोचन हो ।

and for your
kind information,
कालमोचन वास्तवमा मेरो नाम हो ।

तपाईंहरू लगायत म
मानव शास्त्रीको अवचेत मनमा
घुलमिल
भएका
छौं ।

म अर्थात् उहाँको मानसिक उपचारमा कार्यरत HYPNO-therapist
लाई उहाँले 'जेलर कालमोचन' IMAGINED गर्नुभएको छ ।

र,
तपाईंहरूलाई
'मायावी' !

so-called मायावी समयको so-called ट्रान्जिटमा आएकी थिई
भन्ने कुराहरूलाई उहाँ सत्य ठान्नुहुन्छ, जसलाई हामी काल्पनिक
यथार्थ –imagined reality or created reality– भन्छौं ।

यो काल्पनिक यथार्थमा तपाईं चारजना अभिनेत्रीहरू JUXTAPOSED भई मिसिइनुभएको छ । मायावीको रूपमा । मायावीको अवतारमा ।

तपाईंहरूको सामूहिक स्मृतिलाई मायावी नामक युवतीमा PERSONALIZED गर्दै उहाँले आफूभित्र FALSE MEMORIES क्रिएट गर्नुभएको छ, जसलाई उहाँ सत्य ठान्नुहुन्छ ।

तपाईंहरू लगायत म
मानव शास्त्रीको मनमा
false memory भई बाँचेका छौं ।

उहाँको
कल्पित यथार्थमा
हामी सब कृत्रिम यथार्थ बनी
ENGRAVED
भएका
छौं ।

मेरो
कुरा
यति नै हो ।

तपाईंहरूसित केही प्रश्न, जिज्ञासा भए मलाई पछि फुर्सदमा पर्सनल्ली भेटेर सोध्न सक्नुहुनेछ ।

अब त
सम्मोहन-निद्रामा
जानुभएको मानव शास्त्री
जाग्ने समय
भएको
छ ।

मलाई
अब उहाँको
हेरविचार गर्नु छ ।

यतिञ्जेल मलाई ध्यानपूर्वक सुनिदिनु भएकोमा तपाईंहरू सम्पूर्ण –मायावी स्त्री- हरूलाई मेरो हृदयदेखि धन्यवाद छ ।

thank you,
all the mayavi-ladies!
अभिनेत्रीहरू उर्फ कलाकाराहरूमा छाएको *SPOTLIGHT* क्रमशः पालैपालो निभ्न थाल्छ । हेर्दाहेर्दै यस्तो लाग्छ, तिनीहरूको अस्तित्व मानव शास्त्रीको अवचेतन मनमा विलीन हुन्छ । हेर्दाहेर्दै यस्तो लाग्छ, काल्पनिक यथार्थबाट *FALSE MEMORIES* मेटिइन्छ ।

डार्क ब्लु SPOTLIGHT मुनि ह्विलचेयरमा DEPOSIT गरिएको मानव शास्त्री चल्मलाउन थाल्छ । सम्मोहनको गहिरो निद्राबाट ब्यूँझन्छ ।

मानव

गुड इभिनिङ
मिस्टर कालमोचन !

जेलर

गुड इभिनिङ सर !

मानव

तपाईं
अझै यहीं
हुनुहुन्छ ?

जेलर

यहीं छु सर !

मानव

अनि मायावी ? मायावी खोइ त ?

जेलर

मायावी बेडरुममा छे ।

मानव

बेडरुममा ?
बेडरुममा त लाश छ ।
एउटा लोकप्रिय कविको लाश छ ।

जेलर

धन्दा नमान्नुस् सर !
त्यो लाशलाई
मायावीले
गोदाममा
ठेगान लगाइसकेकी छे ।
nothing to
worry about, sir!

everything is settled smoothly!

मानव

very good!

अनि
मेरो SCRIPT
काँ छ ?

मेरो नाटकको SCRIPT काँ छ ? ट्रान्जिटको स्क्रिप्ट !

मैले निर्देशन गर्ने मेरो आगामी नाटक । त्यसको SCRIPT तपाईंले कहाँ राख्नुभयो ?

TRANZIT को
प्रमुख भूमिकामा
मायावीले अभिनय गर्नेछे ।

त्यसमा,
तपाईंको पनि
एउटा प्रमुख भूमिका हुनेछ ।

जेलरको भूमिका !
अभिनय त गर्न सक्नुहुन्छ नि !

हिप्नो-थेरापिस्ट

म हिप्नो-थेरापिस्ट हुँ सर !

म
तपाईंको
नाटकमा कसरी
अभिनय गर्न सक्छु ?

मानव

HYPNO–therapist?

are you kidding?
HYPNO-therapist यहाँ के गरिरा'छ ?

हिप्नो-थेरापिस्ट

तपाईंको
उपचार गरिरा'छ ।

तपाईंको
हेरविचार गरिरा'छ ।

मानव

good, very good!
keep it up!

but, now
you can go!
keep coming, ok!

तपाईं अब भोलि आउनुस् । होइन, होइन । भोलि मेरो घिमिरे युवराजसित कफीघाटमा भेटघाटको प्रोग्राम छ ।

तपाईं
पर्सि आउनुस् ! ok?

by the way, मलाई एक जोर हतकडी चाहिएको छ । with जन्जिर attached! पाँच-छ मिटर जति लामो सिक्री जोडिएको हतकडी । नयाँ नाटक TRANZIT मा हातकडी र जन्जिरको ज्यादै महत्त्व छ ।

पर्सि आउँदा
ल्याउनुहोला, ओके ?
अब तपाईं कृपया यहींबाट EXIT गर्नुस् ।

टाउको उचालेर SPOTLIGHT चुहिएको सिलिङतिर हेर्दै । गम्दै ।

यो मनसुनको
जूनमुनि म केही क्षण
बिताउन चाहन्छु ।

मेरो अवचेतन मनभित्र के छ ? केलाउन चाहन्छु ।

जिन्दगी
जन्म र मृत्यु
बीचको TRANSIT हो !

यो
TRANSIT मा
मनसुनको जूनमुनि
आज म प्रेमको शोक मनाउन चाहन्छु ।

परित्यक्त मञ्चमा अब त केवल मानवशास्त्री बाँकी छ । उसको एकान्त
बाँकी छ । टाढा कतै बजेको बाँसुरीको शोक धुन मञ्चमा खसेको छ ।

मनसुनको जूनलाई
आज प्रेमको शोक परेजस्तो छ !

गल्लीको पुछारमा बस्ने
उसको प्रेमी मरेजस्तो छ !!

***

The end

ट्रान्जिटमा नगरकोटी र म

आजको नेपाली रङ्गमञ्चमा निरन्तर र नियमित नाट्य मञ्चन गरिरहनु चानचुने काम हैन । जसले आजको मितिमा नियमित रङ्गकर्म गरिरहेको छ, उसले फलामको चिउरा चपाइरहेको छ । यसका लागि रङ्गकर्मीमा धैर्य, अठोट र आत्मविश्वासको खाँचो छ । आफ्नै कामप्रतिको विश्वासको खाँचो छ । यी सबै भएर पनि कोही न कोही धकेल्ने साथी चाहिन्छ । प्रेम गर्ने मानिसहरू चाहिन्छ । आफू वरिपरि भएका मानिसहरूको स्थिति, विचार र सहयोगले पनि ठूलो अर्थ राख्छ ।

केही थोरै मानिसहरूमध्ये मेरा लागि कुमार नगरकोटी अफ्ट्यारा दिनहरू र विचलित मनस्थितिका बेला थुमथुम्याउने असल मित्र हुन् । अर्को बलियो कुरो चाहिं यो हो, हामी एक-अर्काका खुशी र सिर्जनामा रमाउन सक्छौं । उनी मेरा प्रिय लेखकबाट रङ्गमञ्चको सहयात्री भए । खासमा उनी जीवनकै असल मित्र भइदिए । मलाई त लाग्छ, उनी नेपाली रङ्गमञ्चकै प्रिय मित्र भैदिए । नेपाली रङ्गमञ्चको खुशी र सुखदुःखका सहयात्री भैदिए ।

कोमाः अ पोलिटिकल सेक्स, बाथटव हुँदै ट्रान्जिटसम्म आइपुग्दा नाटककार कुमार नगरकोटीसँग मेरो सहकार्य १ दशक पुगेछ । कथाकार, कवि, उपन्यासकार कुमार नगरकोटीलाई नाटककार कुमार नगरकोटी भन्नु मेरा लागि कम्ता गर्विलो बात हैन । नेपाली नाटक लेखनमा एउटा सिद्धहस्त लेखक आइदिनु, नाटक लेखिदिनु र ती नाटकहरू रङ्गमञ्चमा

पनि उत्तिकै रुचाइनु मेरा लागि अति उल्लेख्य घटना हो । नगरकोटीका कथा, उपन्यास, कविता आदिमा जुन नवीन शिल्प उर्फ क्राफ्ट छ, नयाँ शैली, फरकपन र मिठास छ । मलाई लाग्छ, त्यहाँ नयाँ चेतना पनि छ । नवीन शिल्पले नयाँ चेतना पनि दिन्छ । नगरकोटीको त्यही नवीन शिल्प नाट्य लेखनमा पनि पाएर म खुशी छु । त्यसैले मलाई लाग्छ, नाटककार रङ्गमञ्चको एउटा यस्तो नेपथ्य आधार हो, जसले स्थानीय -भाषा, शैली, स्वभाव र संस्कृति- रङ्गमञ्चलाई विशेषतासहित समृद्ध बनाउँछ । वर्तमान रङ्गमञ्चमा नगरकोटी मेरा लागि त्यस्तै एक बलियो योगदान दिने नाटककार हुन् । उनका ३ वटै नाटकले नेपाली नाटक लेखनमा नूतन र रोचक शैली दिएका छन् ।

हाम्रा अग्रज साहित्यकारहरूले नाटक लेखिदिएर ठूलो गुन लगाए । सेक्सपियर आए, कालिदास आए, सोफाक्लिज आए, भास आए, मोलियर आए, ईब्सन आए, टेगोर आए, सम आए, मोहन राकेश आए, रिमाल, बादल सरकार आए, गोठाले, मलंगिया आए । हामीले इतिहासलाई गर्व गर्‍यौं । वर्तमानलाई बलियो बनाउन नगरकोटीजस्तै नाटककार हामीलाई चाहिएको छ । त्यसैले म नगरकोटीको नाटकतिर लोभिएको छु । नगरकोटी रङ्गमञ्चतिर लोभिएका छन् ।

कुरा *ट्रान्जिट*को छ ।

मन्चनका लागि मलाई नेपाली नाटक चाहियो । *कोमाः अ पोलिटिकल सेक्स* र *बाथटव*मा आनन्दमय सहकार्यपछि मैले प्रिय नगरकोटीलाई भनें, "मलाई नयाँ नाटक चाहियो ।" हामी बारम्बार र नियमित रूपमा कफीगफमा भेट्दै थियौं । शहरका धेरै क्याफेहरूमा हामीले चहारिसकेका थियौं । नयाँ फिल्म, नयाँ किताब, नयाँ पेन्टिङ, नयाँ नाटकका बारेमा कुरा हुँदै थियो । मैले त्यही बखत एक साँझ भर्खरै आफैंले लेखेको नाटक विमोक्ष नगरकोटीलाई पाठ गरेर सुनाएँ । मेरो नाटकको बारेमा छलफल भयो । त्यही बखत उनले आफूले लेख्न खोजेको नयाँ नाटकको

आइडिया सुनाए । शुरुमै आइडिया गज्जबको लाग्यो । म निक्कै उत्साहित भएँ । मन्चनका लागि मैले नयाँ नाटक पाउनेवाला थिएँ । केही महिनापछि उनले नाटकको फस्ट ड्राफ्ट सुनाए । गज्जब लाग्यो । सायद २ दृश्य लेखिएको थियो । छलफल भयो । उनले नाटकको उठान र बैठानबारे उत्साहित हुँदै सुनाए । केही हप्तापछि पूर्ण नाटकसहित हामी भेट्यौं । भेटमा साथीहरू वसन्त बस्नेत, राजन गोदार र दिव्यदेव सहित नगरकोटीले नाटक पढेर सुनाए र नाटकको पाठ बोकेर म घरतिर लागें । मानौं, मैले धेरै वर्षको प्रतीक्षापछि केही मूल्यवान् चिज पाएको छु । मेरा लागि साँच्चै नै मूल्यवान बनेको छ, यो नाटक *ट्रान्जिट* । निकै फरक, नौलो कथानक र लेखन शैली ।

कलाकार मित्र दिव्यदेव नाटक लेखन र नाटक पाठदेखि नै जोडिएका थिए । उनी यस नाटकमा हुने नै भए । उनको उत्साह, रुचि र सहयोगले मलाई यो नाटक निर्देशन गर्न झन् प्रेरित गरको छ । भनौं न, दिव्यदेवले यो नाटकलाई साँच्चै विशेष रूपमा लिएका छन् । उनी जस्तो कुशल अभिनेताको साथ पाएपछि मलाई निकै सहज भयो । उनले अभिनय गरेका केही नाटक हेरेर म ईर्ष्यालु भएको हुँ ।

आकाङ्क्षा कार्कीको अभिनय र निर्देशन दुवैको साक्षी हुँ म । उनी चेतना र शिल्प सहितकी रङ्गकर्मी हुन् । उनले पनि नाटकमा अभिनय गर्न उस्तै उत्साह देखाइन् । उनको उत्साहले मलाई झन् सहज भयो । शिल्पा मास्के समकालीन नेपाली सिनेमाकी उम्दा अभिनेत्रु हुन् । बासना तिमल्सिनाले केही नाटकमा शानदार अभिनय गरिसकेकी छिन् । आकाङ्क्षा, शिल्पा र बासना ३ मायावीको रूपमा यस नाटकमा बडो सुहाएका छन् । मिल्सन राई युवा उमेरमै उच्चकोटीको साहित्य चेत लिएर आएका छन् । कवितामा उनको बलियो पकड छ । नाटकमा पनि उनी उत्तिकै रुचि राख्छन् । यस नाटकमा कलाकारहरूको संयोजन नै गज्जबको छ । मेरा लागि यो नाटक रङ्गमञ्चीय सेलिब्रेसन हो ।

हामी नगरकोटीको यस नाटकलाई शिल्पी थिएटरमा तपाईं दर्शकसँगै १ महिनासम्म पर्वझैँ उत्साहले मनाउँदै छौं । नाटकमा मानव र मायावी प्रेममा छन् । म नगरकोटीको नाटकको प्रेममा जेलिएको छु ।

नेपाली नाटकमा दृश्यहरूको परिवेश, चरित्र निर्माण र कथाको रहस्यमय बुनोट कस्तोसम्म हुन सक्छ ? *ट्रान्जिट* त्यसको उदाहरण हो । नाटक मन्चन एउटा परम्परागत मिति हो तर हामी सबै *ट्रान्जिट* समूहले नाटकको हरेक रिहर्सल उत्तिकै उत्साहित भएर बितायौं । प्रिय नगरकोटी, धेरै धन्यवाद ! यस नाटकका लागि । यो नाटकसहित मैले निर्देशन गरेका अरू दुवै नाटक कोमा: अ पोलिटिकल सेक्स र बाथटबलाई बुकहिल पब्लिकेसनले नयाँ आवरणमा किताबको रूपमा बजारमा ल्यायो । बुकहिललाई हृदयदेखि आभार !

घिमिरे युवराज

निर्देशक

मञ्चमा

मानव	:	दिव्यदेव
मायावी	:	आकाङ्क्षा कार्की, शिल्पा मास्के, बासना तिमल्सिना
घिमिरे युवराज	:	घिमिरे युवराज
जेलर/हिप्नो-थेरापिस्ट	:	मिल्सन राई

नेपथ्यमा

पोस्टर चित्र १	:	सिद्धान्त पुडासैनी
पोस्टर चित्र २	:	सचिन यगोल श्रेष्ठ
मञ्च/प्रकाश परिकल्पना	:	प्रवीण खतिवडा
सहयोगीहरू	:	झकेन्द्र बिसी, मानहाङ लावती
भेषभूषा परिकल्पना	:	सङ्ग्राम

मञ्चन मिति

१–३२ साउन २०८०
शिल्पी थिएटर, बत्तीसपुतली

BOOK
HILL